儿童图书馆的空间设计

Ingrid Bon　Andrew Cranfield　Karen Latimer　编

石鑫　李恺等　译

石鑫　审订

國家圖書館出版社

This book was originally published in 2012 as

Designing Library Space for Children

In English by

The International Federation of Library Associations and Institutions(IFLA)

and De Gruyter Saur, Berlin, Germany

《儿童图书馆的空间设计》
译者名单
（按汉语拼音顺序排列）

邓　茜　　胡　洁　　李　恺

石　鑫　　田　颖　　王秀香

译　序

自19世纪中叶近代意义上的公共图书馆诞生以来,为儿童提供服务逐渐受到图书馆界的普遍关注。英、美等国家的一些公共图书馆陆续开始向儿童提供服务,并为儿童设计单独的阅读空间,这一做法很快在20世纪初的图书馆建设热潮中得到广泛应用。随后,伴随着儿童图书馆的快速发展,儿童空间的规划和设计理念不断发展演变。当前,数字化环境已使图书馆服务理念和服务方式发生了重大变化,为适应这一新的技术环境,世界各国儿童图书馆的建筑和设计充分利用先进技术,融入最新理念,打造出集学习教育、休闲娱乐于一体的综合性活动空间。

与此同时,随着公共图书馆事业的不断发展,我国也陆续创建了一批较为先进的少儿图书馆。2010年12月,文化部社会文化司发布了《关于进一步加强少年儿童图书馆建设工作的意见》;2011年国务院印发《中国儿童发展纲要(2011—2020年)》,明确要求"公共图书馆设儿童阅览室或图书角,有条件的县(市、区)建儿童图书馆"。在这些政策的推动下,各地对少儿图书馆给予更多的关注和重视,不少地方开始着手建设少儿图书馆。由于少儿图书馆属于为特殊人群服务的场所,因此在建设过程中需要充分考虑服务对象的需求和偏好,结合数字化环境下图书馆的建设和服务模式进行统筹规划,整体布局,设计出符合少年儿童需求的个性化服务空间。这也是我国一些地区在少儿图书馆建设中面临的难题和困惑。

《儿童图书馆的空间设计》整合了2009年国际图联大会上部分有

关儿童图书馆空间设计的论文，梳理了20世纪儿童图书馆的发展历程，提炼了数字化背景下儿童图书馆的新型服务理念，并在此基础上展现了世界各地的儿童图书馆新媒体的运用情况、创新性设计项目实施情况等，内容丰富，图文并茂，是一本不可多得的参考资料。基于此，我们就本书进行翻译，以期为当前我国各地少儿图书馆建设提供参考借鉴。

本书的分工如下：石鑫负责第五章、第七章、第八章的部分内容，以及全书的统稿、校译和审订等工作；李恺负责前言、第一章、第二章、第四章及作者传记；胡洁负责第三章；王秀香负责第六章；邓茜负责第九章；田颖负责第八章和结论部分。

需要说明的是，本书的翻译工作得到了原著作者，国际图联儿童和青年图书馆部主席英格丽德·邦（Ingrid Bon）的大力支持，在此向其致以诚挚的感谢！国家图书馆馆长助理兼研究院院长汪东波、研究院副院长申晓娟、研究院办公室主任胡洁对本书的翻译工作给予了大量鼓励和指导，国家图书馆出版社的金丽萍、王涛等老师为本书的出版付出了很多努力，在此一并感谢！

受翻译经验和水平所限，本书难免有疏漏谬误之处。欢迎广大读者批评指正。

译者

2014年4月

目　　录

前　言

假如我是图书馆馆长……

近年来,人们重新对图书馆建筑、设计语言以及图书馆空间创新这几个议题产生兴趣。人们似乎达成了共识:如果图书馆和图书馆服务想要在数字时代继续与人们的生活息息相关,那就有必要重新评估和思考21世纪的图书馆应该是什么样子。我们已经目睹了一些有趣、充满想象的新图书馆建筑和装修,其中包含大学图书馆和公共图书馆,但遗憾的是,这仅仅是图书馆实现其功能的一个基础,而非全部。新的建筑项目常常吸引人们的眼球,却往往缺乏对信息和知识在现代社会中传播方式的理解,而传统媒体和数字媒体的融合则缺乏关于用户对未来图书馆服务需求的想象力和真正理解。图书馆界对于图书馆设计的立场相对保守,情况堪忧。其实我们仍然可以从博物馆领域中学到很多,更重要的是,从零售业和高街销售活动中得到启示。

当前儿童图书馆面临的问题空前迫切。与上一代相比,这一代的孩子们使用图书馆的次数在逐渐减少。虽然图书馆仍在初、中等教育以及普及社会教育与支持文化多样性方面扮演着重要角色,但这并不足以让我们自满。

如果我们想要改进图书馆中面向儿童的设施,就需要更好地了解几个跨学科的领域,包括儿童和青年人对于媒体的理解和使用,以及现代教育中的学习模式和发展趋势。

在2009年米兰(Milan)国际图联(IFLA)大会上,国际图联的两个部门——图书馆建筑与设备组(Library Buildings and Equipment)以及青少年图书馆组(Libraries for Children and Young Adults),以“假如我是图书馆馆长”为题,共同宣读了几篇论文,其中包括两篇内容丰富的专题报告,以及全世界范围内几个有趣而且富有挑战性的儿童图书馆设计案例。

第一个专题论文由来自于伊利诺伊大学(University of Illinois)的阿利斯塔尔·布莱克(Alistair Black)和利兹城市大学(Leeds Metropolitan University)的卡洛琳·兰金(Carolynn Rankin)撰写。这篇论文介绍了儿童图书馆设计的历史。今天我们所拥有的儿童图书馆并非无源之水,它们毫无疑问地来自于社会对于童年以及儿童看法的转变,正如该文作者所说:“建筑是社会信仰和愿望的产物。”我们认为,如果要做出关于未来的决定,理解并且具备有关20世纪以来社会发展的知识是非常重要的。布莱克和兰金让我们注意到“规范”这个问题——例如行为规范往往与纪律相关,在此情形下,图书馆就会被视作学校纪律的延伸,而儿童图书馆和学校在概念的内涵上也因此有所相通。但是随着时间的推移,这一共识和理解也发生了变化,人们开始把图书馆看作是公共空间,而不再是“受规范控制的”教育设施空间的一部分。该文作者描绘了这个关于儿童以及19世纪20、30年代兴起的儿童指导运动(Child Guidance movement)观念的变化,该运动旨在寻求对儿童的帮助,并提出从个体和公民角度看待儿童这一全新观念。

布莱克和兰金继而介绍了一些具有开创性的面向儿童的图书馆新设计,他们向读者提供了有价值的观点,来观察20世纪早期和中期这一领域的发展。历史总是在重复上演,20世纪50年代的讨论涉及已建立并得到认可的文化形式与流行文化产物的二元对立,而大多数读者都能在某种程度上,从今天有关儿童图书馆设计的思考中发现过去讨论的影子,并意识到儿童图书馆的未来发展仍然存在很大的不确定性。今天的发展说明我们已经能够更好地理解和接受关于童年和青少年的新理念。

本文的作者也认为,“20 世纪 60 年代,绝大多数儿童图书馆看上去都在模仿政府的框架,提供工作台一样的桌子和更加舒适的家具”,而今天的图书馆员和图书馆设计者面对的是一个儿童图书馆设计新范式。

进入 20 世纪 80 年代,社区图书馆在英国和其他国家出现,图书馆开始在当地社区关系中扮演更加积极的社会角色。而图书馆员也从被动的信息传播者,转变成与图书馆用户进行互动的主动参与者。在某种意义上,这些趋势也体现在最新的图书馆设计中——不管是面向成年人的设计还是面向儿童的设计。另外,由于受到零售业和高街的影响,图书馆的理念和角色都发生了明显的变化。虽然人们对伦敦哈姆雷特塔区(London borough of Tower Hamlets)的“概念店”(Idea Stores)看法不一,但毫无疑问,这些新的图书馆建筑既体现了社区参与的新精神,也展现出更加“年轻”的设计风格。

在本书中,克尔斯滕·多特纳(Kirsten Drotner)在其《儿童的媒体文化:未来图书馆的钥匙》一文中提出了她对于儿童和青少年在日常生活中如何使用现代媒体和技术这个问题的见解。我们在为孩子们设计和建造图书馆时,充分认识和理解媒体使用的发展趋势无疑是至关重要的。过去,媒体的使用在某种程度上可以被区分为非商业性的(公共服务)和商业性的(通常是由广告所赞助的),但是我们需要反省的是,这种区分是不是还具有意义,或者能否得以维持。媒体在技术、经济以及跨界的融合使得人们区分媒体良莠的可能性在不断减少。谷歌、脸书、推特和其他社交工具迫使图书馆和图书馆员思考怎样才能在图书馆和年轻用户之间找到共鸣点。多特纳强调了现代媒体的参与本质,它把关注点从实体馆藏和被动获取转移到用户参与、创新以及多特纳所描述的“符号学能力”(semiotic competence)上,也就是“能够把复合表达方式塑造和处理为日常合作、交流与参与的一部分的能力”。

儿童对于新媒体的使用是复杂而多面化的,这使得儿童图书馆的设计者和馆员的工作更具挑战性。多特纳强调了儿童图书馆员对新的职业技能,以及她称之为“与用户沟通的整体战略”的需求,我们有理由认为,与图书馆新老用户崭新的沟通方式决定了我们未来设计和组织图书馆的视野。

本书所收论文引领我们开始一趟围绕实用方法的全球调研之旅,在这个路途中图书馆员和建筑师将重新思考儿童图书馆的设计并寻找相关对策。我们希望,这些论文能带给我们启发和反思,使我们在规划未来图书馆的时候,能把我们过去学到的理论和经验转化为更为主动和更富雄心的思考。

在此,我们想要感谢国际图联图书馆建筑与设备组以及青少年图书馆组两个常设委员会中所有的同事们。我们尤其要感谢国际图联总部的舒尔德·库普曼(Sjoerd Koopman),他自始至终支持着本书的出版。我们还要感谢西蒙·范·莱恩(Simone van Rijn)以及苏珊·菲尼(Susan Feeney)将本书的文本编辑成为可出版格式。

英格丽德·邦(Ingrid Bon)

青少年图书馆组主席(2007—2011)

卡伦·拉蒂梅尔(Karen Latimer)

图书馆建筑与设备组主席(2008—2011)

安德鲁·克兰菲尔德(Andrew Cranfield)

图书馆建筑与设备组主席(2004—2007)

儿童图书馆设计的历史：延续与断裂

阿利斯塔尔·布莱克(Alistair Black)
伊利诺伊大学

卡洛琳·兰金(Carolynn Rankin)
利兹城市大学

就像所有的技术一样,建筑也是社会信念和欲求的产物。因而,自从19世纪晚期以来,儿童图书馆的样式,不管是独特的“设计空间”,还是“建筑类型”,只能结合当时的社会状况才能被完全理解。本文便要对隐含在过去一个世纪里儿童图书馆背后复杂的因素进行全面研究,这些因素来自于图书馆员、图书馆建设者、改革者和评论者,而且植根于更为广阔的社会、经济、政治以及文化的发展过程中。在此过程中,充分探讨建筑和设计的广阔发展前景,及其对儿童图书馆设计可能产生的影响,非常符合时宜。

我们的分析归纳为4个阶段:第一次世界大战之前、两次世界大战之间、第二次世界大战后至20世纪80年代以及20世纪80年代以后。每一个时期的儿童图书馆设计都有着截然不同的主题,其中一些主题在所处的年代里引领潮流,另外一些则在之前的阶段就已经崭露头角;这些延续和断裂的现象在本文的结论部分中得到了总结。我们研究的地理区域主要是英国，但也提到了其他国家的发展（这里主要是指美国）及其对英国的影响。

本文资料来源很广泛，其中主要包括：创始于1899年的《英国图书馆协会记录》（*Library Association Record*）；当地市政研究图书馆的馆藏档案资料，包括照片等；我们研究过的一些书籍，以及书籍中与有关事件和时间相关的一些章节；还有我们为了解儿童图书馆的最新发展，通过访问实体图书馆和网站所获得的其他资料①。

1914年以前：学校与庇护所

直到19世纪末，图书馆向儿童提供的服务才开始接近我们今天的范畴，或者是出现我们今天所见到的形式。若干个因素造成了当时的改变。英国的公共图书馆出现在1850年。在19世纪最后几十年，英国公共图书馆开始迅猛发展，表现为专业化服务出现，并注重其便捷化与合法化，另外还包括向年轻人提供服务。1877年，英国图书馆协会（Library Association）建立，专业图书馆学的发展支持了上述专业化的发展。一些图书馆员开始对儿童的图书馆需求产生浓厚兴趣，并且就这个问题发表了大量作品②。但这并不意味着当时已经有了专门关注儿童的图书馆员培训，也不意味着图书馆设置了专门的服务岗位且开始进行宣传。截止到第一次世界大战，我们在英国的图书馆中只

① Including, for example, the ‘Designing Libraries’ website: http://www.designinglibraries.org.uk/ [viewed September 2011].

② W. C. B. Sayers, *The children's library: a practical manual for public, school and home libraries* (London: Routledge, 1911), pp. 204 – 213 contains an extensive ten-page bibliography on children's libraries.

发现了3个专门面向儿童的服务岗位,它们分别位于:诺丁汉(Nottingham)、加迪夫(Cardiff)和莱切斯特(Leicester)[①]。这与美国的儿童服务相差甚远,令英国图书馆馆员深感羡慕[②]。

伴随着1870年国民教育的开展,儿童识字率的提高决定了社会对儿童设施需求的增长。19世纪下半叶,瞄准儿童市场的图书和杂志在质量和数量上迅速提高和增长。图书馆员们希望,"好的"阅读将会让儿童远离"廉价小说低级趣味的危险"[③],正如一个图书馆评论员所说,这些价值半便士的连环画和漫画里的垃圾内容对孩子们的未来会产生严重的负面影响[④]。

早期儿童图书馆的开放是基于如下实际理由,即通过把大量的到馆男性青少年读者进行转移,给成人读者创造更多安静空间。把青少年和成年人分割开的做法,在当时很受欢迎,对于许多图书馆员来说,这并不是一个经济适用的方法,但这却吸引那些渴望安静与秩序的成年读者。1861年,曼彻斯特公共图书馆(Manchester

---

① A. Ellis, *Library services for young people in England and Wales* 1830 – 1970 (Oxford: Pergamon Press, 1971), pp. 34 – 35.

② For example, see S. Fairchild, 'What American libraries are doing for children and young people', Library Association Record, Vol. 5 (1903), pp. 549 – 551, and L. S. Jast, 'Some impressions of American libraries', *Library Association Record*, Vol. 7 (1905), p. 67. Brief histories of children's libraries in America are given by M. Sassé, 'The children's librarian in America', *Library Journal* (15 January 1973), pp. 213 – 216, and E. L. Power, *Work with children in public libraries* (Chicago: American Library Association, 1943). Effie Power was a pioneer of children's libraries in the America in the early-twentieth century.

③ *Islington Gazette*(23 January 1908).

④ B. Carter, 'School libraries', *Library World*, Vol. 8 (1905), p. 29.

Public Library)为儿童读者开设了单独的空间[①]。1882 年,诺丁汉出现了独立的儿童图书馆建筑[②]。1895 年,在威根(Wigan),一座男孩图书馆建筑开放[③]。

在第一次世界大战之前的 10 年里,成人图书馆建筑中单独的儿童部分,作为一种儿童服务的便捷方式,因儿童图书馆的普遍设置而愈发变得不受欢迎和无关紧要。单独的设施通常意味着成人和儿童各自使用独立的入口。在 1908 年开放的胡夫公共图书馆(Hove Public Library)里,其儿童图书馆位于地下室,读者需要从建筑旁边的一个单独的入口进入。同样的布置也出现在了伯里(Bury),尽管其儿童图书馆的房间是在地面以上[④]。1918 年之后,儿童和成年女性相对独立的入口渐渐在新的图书馆设计中消失,但 1936 年士嘉堡公共图书馆(Scarborough Public Library)的扩建方案是一个例外[⑤]。

在当时,儿童图书馆通常给男孩和女孩划分单独的区域。在格拉斯哥的金士顿区图书馆(Kingston District Library, Glasgow),这也是当地最早开放的卡内基图书馆(Carnegie library),男孩和女孩被一面玻璃墙隔开,图书馆管理人员的桌子跨越了这个房间的两个被隔离的部分,便于其直接监督两个不同的区域。人们建议,在男孩和女孩可同

① Ellis, *Library services for young people in England and Wales*, op. cit., pp. 3 –4.

② T. Kelly, *A history of public libraries in Great Britain*, 1845 –1975 (London: Library Association,1977), p. 53.

③ *Programme of the presentation to the Borough of the Boy's Reading Room*, *April 17th* 1895(Wigan, 1895).

④ A. Sparke, 'Bury juvenile library', *Library World*, Vol. 5 (1903), p. 233.

⑤ W. H. Smettem, 'Extensions to the Scarborough Public Library', *Library Association Record*, Vol. 39, (February 1937), p. 58.

时入内的房间里,把供两者阅读的杂志放在不同桌子上[①]。在19世纪晚期的曼彻斯特,图书馆开放了一系列男生阅览室,这些图书馆在1899年达到10座。这意味着“女孩和男孩可以平等进入”[②]。类似的阅览室占用了当地图书馆分馆很大的面积,即便超过一半的面积是供成年读者使用的[③]。

图1 格拉斯哥金士顿区图书馆儿童阅览室(1904年开放)

来源:Descriptive Handbook of the Glasgow Corporation Public Libraries (Glasgow: Glasgow Corporation Libraries Committee, 1907)

---

① Sayers, *The children's library*, op. cit., p. 82.

② L. S. Jast, *The child as reader* (London: Libraco, 1927), p. 26.

③ W. R. Credland, *The Manchester public free libraries* (Manchester: Manchester Public Free Libraries, 1899), p. 283.

随着越来越多的儿童离开学校后进入劳动力市场（以下会更多地谈到这个问题），为儿童设计环境，使他们在业余活动中学习和娱乐就变得更加重要了。此外，随着工业化和城市化的逐渐成熟以及人们对秩序和纪律的日益关注，规划和建造包括儿童图书馆在内的儿童公共空间变得越来越普遍①。规训毫无疑问是早期儿童图书馆设计的核心理念。即便回溯历史可能是危险的，但相对于今天的儿童图书馆，第一次世界大战之前绝大多数儿童空间都是严肃、贫瘠而且了无生趣的。图书馆员最初的倾向是，依照成人空间的概念来塑造儿童图书馆的实体布置和装饰。对于许多人来说，儿童图书馆仅仅是一个庇护所，让儿童可以从危险的街道和拥挤、肮脏的家庭中躲进来避难。早期的儿童图书馆空间有教室的感觉。长方形的桌子排成了整齐的队列，就像教室一样，便于给孩子们灌输纪律和引导良好的行为（尽管我们也需要强调，早期的儿童图书馆并不总是纪律之地。任何控制的策略和方法都可能招致孩子们的抵抗。儿童图书馆在这方面也不例外。如果将儿童空间看作是权威的象征，那么其实它也是制造麻烦的地方②）。桌椅的布局让所有读者只能朝向一面而坐，这是学校和教堂的传统：让读者只能面向一个方向是一种理念。正如 J. D. 斯图尔特（J. D. Stewart）所说，“这种安排促进良好秩序的形成”，而圆桌则让屋

① M. Gutman and N. De Conick-Smith (eds.), *Designing modern childhoods: history, space and the material culture of children* (Rutgers University Press, 2008).

② As symbols of authority, libraries certainly experienced their fair share of disaffection on the part of children and young people. When a reading room was opened at a Board School in Leyton in 1898, the Chairman of the Library Committee trusted that 'those who used the room would help the Assistant to keep order, and that they would be troubled by no unrulyboys': *Leyton Public Library Quarterly Library Magazine*, Vol. 1 (1898).

子“一片混乱”[①]。人们几乎不考虑颜色的重要性和装饰的吸引力,在1885年,也就是诺丁汉的儿童图书馆开放3年后,这座图书馆的墙还是白色的[②]。

尽管具有装饰的朴素化倾向,但20世纪早期的图书馆员和图书馆设计者还是开始对儿童和青年的物理空间布局进行有针对性的思考。这一领域的先驱者之一是加迪夫的馆长约翰·巴灵格(John Ballinger),他说:“我们必须向儿童提供一个单独的空间,而且把它作为一项特殊的工作来对待。”他说,儿童空间的“重要性和空间大小应该和成人的空间同等重要……我们不应该将儿童的需求置之不顾”[③]。巴灵格在加迪夫设置的儿童阅览室被描述为:“高档舒适、光线充足、通风良好……还有图片装饰。”[④]像巴灵格这样开明的图书馆馆长开始意识到,儿童并不那么需要“图书馆”,而更多地需要“阅读大厅”:轻松、非课堂式氛围,孩子们可以在这样的空间里进行一些图书以外的活动,可接受阅读辅导或观看图册。巴灵格把“阅读大厅”定义为“图书馆”或者是相关的“阅览室”的反义词,这是对于儿童空间的一种更加软化的描述(但是他也反对彼得堡的图书馆馆长W. J. 威

① J. D. Stewart et al., *Open access libraries: their planning, equipment and organisation* (London: Grafton, 1915), p. 88.

② Nottingham Public Libraries Sub-Committee Minutes (27 May 1885).

③ J. Ballinger, ‘Children’s reading halls’, *Library Association Record*, Vol. 5 (1903), p. 553.

④ W. C. B. Sayers, *A manual of children’s libraries* (London: Allen and Unwin, 1932), p. 104.

尔考克所说的“娱乐室”①)。“大厅”应该可以让儿童把自己的书带进去,或者让儿童可以进行图书以外的活动,并且使其乐不生倦,它们不应该仅仅是借书还书的地方。

在英国图书馆界,人们达成了如下共识:英国图书馆应向美国学习,为儿童营造一种积极、和谐的服务氛围。克洛伊顿公共图书馆(Croydon Public Library)的斯坦利·贾斯特(Stanley Jast)在1903年访问美国的时候,对于他所看到的美国儿童图书馆充满了热情:

> 你走进的儿童阅览室都精美绝伦:漂亮的建筑、雕刻精致的木工等。在最近刚刚开放的布鲁克林太平洋分馆里,有一个精美的壁炉和一个凹式角落,儿童可以在冬夜坐在火炉旁读书……墙上有精美的图片,高高的书架外面镶着木质翻门,上面覆盖着绿色的绒布,图片就固定在这上面。房间整体给人的感觉是明亮而欢乐,它时刻吸引着孩子们的眼睛和心灵②。

伯维克·塞耶斯(Berwick Sayers)是儿童图书馆领域的一位先行者,他被美国图书馆中以自然为导向的价值追求所打动:在春暖花开的季节,图书馆可能会邀请儿童带着盛开的野花来到图书馆,然后用

---

① Ballinger, ‘Children’s reading halls’, op. cit., pp. 552 – 558. See, also, W. J. Willcock,. ‘Are children’s libraries really necessary?’, [Letter to] *Library Association Record*, Vol. 7 (1907), pp. 184 – 185, and the response by J. Ballinger, in the same volume, pp. 354 – 355.

② L. S. Jast, ‘Some impressions of American libraries’, *Library Association Record*, Vol. 7 (1905), pp. 63 – 64.

这些花装饰房间,并将其作为孩子们阅读植物学书籍的辅助教材①。塞耶斯说,传统的理论是“只要有个空间,有两三套桌椅,些许读物,儿童就会满足了”,但塞耶斯需要的是“能够在极大程度上符合儿童个人学习特点”的空间②。因为在知识领域中,“儿童具有追求美好和快乐事物的天性”,因而他认为,图书馆的环境也应该是优美并且让人感到愉悦的③。

第一次世界大战之前,塞耶斯在瓦拉西公共图书馆(Wallasey Public Library)中设置了儿童阅览室。据他回忆,这座阅览室是“一个舒适的房间,有很大的落地窗,能看到图书馆外面的草坪。窗子旁边放置了长凳”④。塞耶斯说,“理想中图书馆的儿童区域”是一个光线充足、格调高雅、装饰优美、配置适当的地方,它应该具有吸引力,甚至很漂亮,就像城市图书馆中其他区域一样。尽管它的首要目的是实用性的,但它也要具有美学的理念。而且相当流行的观点认为,儿童阅览室建在地下室,有一名门卫或者助理负责就够了,或者说我们只能勉强同意儿童进入成人的图书馆,这样的看法都应当被摒弃⑤。

塞耶斯对于一个流行而繁忙的儿童图书馆的设想包括一个吸引人的阅览室,沿墙而置的开放式书架和可随时获取的图书,足够灵活的空间,以便随时将室内一端改变为讲台,从而使整个阅览室转换为演讲室。儿童图书馆还应该有专门为参考咨询馆藏和讲故事等活动

① Sayers, *The children's library*, op. cit., p. 88.

② Sayers, *A manual of children's libraries*, op. cit., p. 112.

③ Sayers, *The children's library*, op. cit., p. 90.

④ W. C. B. Sayers, 'Children's libraries as I saw them', *Library World*, Vol. 60 (1958), p. 23.

⑤ Sayers, *The children's library*, op. cit., p. 79.

设置的空间。

但是,像巴灵格和塞耶斯这样自由、进步的主张在当时只是特例,绝非主流观点,也没有在现实中被广泛应用。1914 年以前,在人们的观念中,庇护所的设计和建造是免费的。这和当时社会对英国种族退化的焦虑有关。人们相信,图书馆能够帮助年轻人提升自我,使他们不再沉迷于街头的娱乐活动,这些街头活动源于难以解决的持续贫困状况,会破坏年轻人的身心健康①。随着各种焦虑笼罩在人们周围,加之外来竞争压力,人们对街头活动后果的恐惧不断加深,也对图书馆能够减轻这些恐惧的期望日益增强。人们认为,英国人在身体和精神上正在退化,这是种族的退化,包括全民智力退化以及大众身体状况退化。"种族的未来……取决于种族能否进一步丰富具有想象力和创造力的生活",斯坦利·贾斯特写到②。早期儿童图书馆的一个很清晰的目的就是"拯救儿童"——保护儿童免受社会和生理退化的影响。

因而,在许多途径上,儿童图书馆成为了一战之前"国家效率"运动的一部分。这就解释了为什么早期的许多图书馆空间,如果它们不只是提供庇护所的话,均采用了学校教室的形式。英国国民对其经济可能发生像德国、美国等发达国家那样的衰退而担忧,加之其对于民众道德状况的无休止忧虑,这些因素使得越来越多的人号召对教育进行改进,其中包括技术指导和图书馆的提供。因而我们可以发现,早期一些儿童图书室设计和空间布局,反映了传统学校和教室存在着男孩和女孩的隔离,也反映在寻求工业化和帝国生存中社会在性别上进

① On the persistence of poverty, see G. S. Jones, *Outcast London: a study in the relationship between classes in Victorian society* (Oxford: Clarendon Press, 1971).

② Jast, *The child as reader*, op. cit., p. 40.

行的角色划分:女性作为家庭主妇,为国家未来的男性工人和士兵营造一个成长环境[1]。

20 世纪 20 年代和 30 年代:中产阶级的家庭生活与建筑游戏

人们可能会把两次世界大战之间的时期描述为儿童图书馆的"成长期",这与出现在维多利亚时代晚期以及爱德华时期关于儿童和儿童福利的观念和措施密不可分。在这段时间里,儿童时代"在法律、立法、社会、医学、心理学、教育和政治等各个层面被制度化"[2]。这些预示了亨德里克提出的"现代童年"(modern childhood)的到来。在英国出现了"一种信念,认为儿童属于公民,他们的社会权利独立于其父母,国家需要保护他们的权利,这种看法是之前一个时期的人们所无法理解的"[3]。一系列的立法措施改善了儿童的许多状况,包括 1918 年制定的强制儿童在 14 岁才能离开学校的法律规定;1885 年制定的

① A. Davin, 'Imperialism and motherhood', *History Workshop Journal*, Vol. 5, No. 1 (1978), pp. 9 –66.

② H. Hendrick, *Children, childhood and English society 1880 – 1990* (Cambridge: Cambridge University Press), p. 15. The study of the history of childhood was effectively inaugurated by Philippe Ariès's *Centuries of Childhood* (London: Cape, 1962). His statement that the concept of childhood did not exist until the seventeenth century eventually attracted strong criticism, but it at least served to place the issue of the social significance of children on the historical map, and to rescue children from history in the same way that women's history has written women back into the historical record.

③ I. Pinchbeck and M. Hewitt, *Children in English society. Volume II: from the eighteenth century to the Children's Act 1948* (London: Routledge and Kegan Paul, 1973), p. 637.

法律则禁止人们和16岁以下的儿童发生性行为，而1906和1907年制定的法律则分别引入了学校的正餐以及学校的医疗检查。1908年制定的《儿童法案》(The Children's Act)规定建立儿童法庭以及建立养父母的登记制度。由此看来，我们可以说在两次世界大战之间的时期，儿童在某种意义上真的成为了“国家的孩子①”。

英国的帝国和工业化盛况受到较高的婴儿死亡率以及工人阶级较低健康水平的威胁②。正当其时，越来越多的人开始讨论国家的身体和心智状况，以及贫穷对于政治和社会的影响。美国儿童研究运动的兴起[在美国儿童心理学家G·斯坦利·霍尔(G. Stanley Hall)的推动下，1894年成立了儿童研究协会(Child Study Association)]很大程度上影响了英国儿童福利专家的思维和政策。19世纪20年代和30年代的儿童指导运动(Child Guidance Movement)试图通过精神病诊所，治疗那些容易紧张、环境适应能力差和行为不良的儿童。这些儿童心理学和精神病学方面的新进展，反映了人们对于儿童童年时代的一种新理解，这对于儿童来说尤其重要③。20世纪成为了“儿童的世纪”④。

---

① 'Children of the state' is the title to Chapter XXI, pp. 638-656, of Pinchbeck and Hewitt, op. cit.

② A. Davin, *Growing up poor: home, school and street in London 1870-1914* (London: Rivers Oram Press, 1996), p. 153.

③ H. Hendrick, 'Constructions and reconstructions of British childhood: an interpretive survey, 1800 to the present', in A. James and A. Prout (eds.), *Constructing and reconstructing childhood* (London: Routledge Farmer, 1997), pp. 47-49, 51-53.

④ J. Clarke, 'Histories of childhood', in D. Wyse, *Childhood studies: an introduction* (Oxford: Blackwell, 2004), pp. 10-11.

在教育学领域,一系列进步主义思想开始生根发芽。在美国,霍尔区分了"以机构为中心"(scholio-centric)的学校和"以学生为中心"(pedo-centric)的学校。对于前者,机构的需求是排在第一位的;而对于后者,儿童的需求才是最重要的,而且儿童发展的阶段决定了教学的内容和形式①。霍尔告诉我们,儿童的守护者们应当守卫"儿童快乐的权利",并且应当理解"除了儿童的身体和灵魂,没有其他任何东西值得热爱、尊重和服务"②。进步主义教育理论把儿童放在了教育过程中最重要的位置。它主张,学校应该提供环境,在此个人能够成为决定和实现普遍的教育目标的利益相关者。所有的小学生都应该接受实验性教育,通过实践来获取知识,这样可以开发他们的好奇天性和潜能。教育应该是能够促进孩子们学会如何解决问题而不仅仅是死记硬背的过程。通过游戏和自我表达来实现教育的方式应当得到鼓励,比如通过跳舞来学习③。玛丽亚·蒙台梭利(Maria Montessori)在20世纪初创立了后来以她名字命名的教学法(the Montessori method),这种方法通过运动强调自发行为、自由选择以及自我发展。这种教学法深深地依赖于一种敏感的"前置环境":环境诱人并且装饰优美,家具和配件应当适合于孩子们的年龄和需求④。这种思考是对

① As explained by A. Van Slyck, *Free to all: Carnegie libraries and American culture 1890—1920* (Chicago: Chicago University Press, 1995), pp. 179 – 180.

② G. S. Hall, 'The ideal school as based on child study', *Forum* [New York], Vol. 32 (September 1901), p. 39.

③ J. F. Soltis, 'Dewey, pragmatism and education', in *The International Encyclopedia of Education*, 2nd edition, Vol. 3 (Oxford: Elsevier, 1994), pp. 1520 – 1524.

④ C. Gustafsson, 'Montessori and education', in *The International Encyclopedia of Education*, 2nd edition, Vol. 7 (Oxford: Elsevier, 1994), pp. 3912 – 3914.

19 世纪的福禄培尔教学法的继承，塞耶斯对此深有共鸣。

人们对儿童心理学和儿童福利日益高涨的兴趣似乎影响到了一些图书馆馆员的思考。在 20 世纪，儿童开始“重要起来”，这种想法体现在越来越多的关于儿童图书馆的著作中。早期的重要的著作之一就是塞耶斯的《儿童图书馆》（*The children's library*，1911 年出版）①。塞耶斯在书中写到：“近来，人们发现，对于年轻读者的需求需要更加特别地对待。”②他建议对图书馆员进行专门化的培训，因为“图书馆员应当比现在更熟悉心理学，以便更加了解儿童的心理过程”；而在进行专业培训（也就是图书馆学培训）之前，最好的培训方法就是福禄培尔的方法③。这种方法在和塞耶斯同时期的威廉·本森·托恩（William Benson Thorne）看来，“坚持描绘每一个儿童个性化需求，并且依靠现实对象和讲故事来实现证明”④。塞耶斯说，这些针对儿童的工作人员“应当通过福禄培尔的方法来更熟悉他们的心智状态，因为这种方法能够帮助人们理解儿童阐释得并不清楚的概念”⑤。弗雷德里克·福禄培尔（Friedrich Froebel）是幼儿园的创建者，他相信，儿童的发展最好要依靠创造性的自我活动。福禄培尔的理想主义观念（与杰斯特的观点相似）认为宇宙是一个有机体，所有其他更小的有机体被其包含，由此他认为儿童的天性是向好的，而且为了实现这种潜

① Sayers, *The children's library*, op. cit.

② Ibid., pp. 73 – 74.

③ Ibid., pp. 196, 198.

④ W. B. Thorne, 'Memorandum on Children's librarians', Library Association Library Development Committee (8 March 1918), Library Association Archives, University College London Archives Department.

⑤ Sayers, *The children's library*, op. cit., pp. 198.

力,儿童的发展需要符合其天性,而不应该受到规定或者干预。福禄培尔的方法强调了自由的游玩、歌唱、群体活动、自然学习、舞蹈、户外活动以及讲故事(在当时,最后一个内容还不属于小学的特征)①。H. 卡德维尔·库克(H. Caldwell Cook)开发了与之相关的"游戏"教育法,这种方法在 19 世纪 20 年代被伦敦的一些图书馆所采用②。

我们很难计算教育和儿童心理学的新观点在何种程度上影响了当时的图书馆员、图书馆设计者和规划者。但可以确定的是,教育学家、儿童心理学家以及儿童图书馆提供和改造的关注者的话语之间存在很多的相似性。在第一次世界大战之后,塞耶斯就任克洛伊顿公共图书馆儿童部的主管,他曾经在《儿童图书馆手册》(*Manual of Children's Libraries*,1932 年出版)一书中生动地描述过这个部门。其阅览室的颜色设计由该郡的工程部门完成。阅览室的墙的颜色是具有光泽的晚霞红,而上层则是绿色和乳白色:这是为了尽可能实现"完全非官方"的效果③。小型书柜和固定形状的绿色绒布被固定在墙上,而且很多图片在屋子里展示。所有的门窗都有帘子。阅览室的一侧有一个平台,上面放着桌椅,这样空间可以供读者安静地阅读、写作和做作业,当然也可以进行表演活动;这个平台的后面是灯墙,在不用

① J. Johansson, 'Froebel and education', in *The International Encyclopedia of Education*, 2nd edition, Vol. 4 (Oxford: Elsevier, 1994), pp. 2385-2388.

② H. C. Cook, *The play way: an essay in educational method* (London: Heinemann, 1917).

③ Librarians and designers, as at Croydon, began to think hard about the colour format of the children's accommodation. Sayers, *A manual of children's libraries*, op. cit., p. 115, noted that in America one librarian suggested 'a cream-coloured wall, furniture finished in pearly grey and a large bowl of orange or deep blue placed conspicuously somewhere in the room to lend a bright note of colour'.

的时候上面覆盖着绒布帘子(平台后来成为儿童阅览室里常见的组成部分)。参考书被放在靠近平台的地方。桌子被放在房屋的中间,桌子之间有很富裕的6英尺(15.24cm)过道。桌子可以被收起来,释放出的空间可以构成一个表演区域①,这个空间不仅可供孩子们阅读,而且在此他们可以展现自我,参与游戏。

图2 理想的儿童图书馆

来源:格文罗伦·里斯(Gwendolyn Rees),《儿童图书馆》(London: Grafton, 1924),重印于W. B. C. 塞耶斯,《儿童图书馆手册》(London: Allen and Unwin, 1932)

1932年,塞耶斯的手册提出了一个理想化版本的儿童阅览室(首

① Sayers, *A manual of children's libraries*, op. cit., pp. 106-107.

次发表在1924年格文罗伦·里斯的《儿童图书馆》一书中)[1]。在这个空间里,儿童与周围环境和谐共存。阅览室的环境明亮而欢快,更重要的是,像家一样简洁而温馨。窗户装有窗帘,墙上挂着图片。温暖的壁炉和旁边的座位传递着祥和。家具尺寸适当,可满足读者需求:桌子用于公共的学习或供翻阅百科书卷使用,写字台用于个人的学习。通过一张没有威严的桌子,孩子们与图书馆管理员建立一种和谐的关系,而这种轻松的体验是可被复制的。可能需要指出的是,这个理想化的场所在更大的程度上被概念化为一个女性的空间,因为在当时,图书馆员普遍的观点是,女性更适合面向孩子的工作。这种理想化景象不可能被普遍或广泛地复制,但是一些图书馆会尽力将此理念应用于实践,19世纪30年代克洛伊顿中央图书馆的儿童阅览室便是一个例子。在曼彻斯特,贾斯特的年轻人阅览室设定了一个新的标准,通过利用鲜花、图画和低书架优化室内环境,这样可明确地排除教室气氛[2]。这样的环境不仅仅成为可为孩子们提供纯粹安全和保护的临时的家,而且也使他们体验在家之外的类似于家的温馨,这有助于唤起"中产阶级的家庭生活"。

把成人图书馆阅览室的实体安排嫁接到儿童阅览室的实践受到了来自一种新的以儿童为中心的方法的压力,也就是霍尔的"以个人为中心的方法"。人们考虑最多的变成了如何营造像家庭一样的环境。在第一次世界大战之前圆桌开始出现在儿童阅览室中,到了这个阶段则变得越来越普遍,以用来营造类似家庭聚餐时欢乐的气氛。壁

---

① G. Rees, *Libraries for Children* (London: Grafton, 1924).

② T. Kelly, *Books for the people: an illustrated history of the British public library* (London: Deutsch, 1977), p. 150. The rooms are described in Jast, *The child as reader*, op. cit., pp. 25-40.

炉可以让人们联想到安全和温暖,所以它成为了儿童阅览室布置的焦点。儿童的空间可以被重新分配,这使得空间中的活动和表达更具有自由度,因而,正如范·斯利克(Van Slyck)对美国图书馆的评论一样,人们允许儿童在合理的范围内"折腾"①(尽管在1945年,有人欢快地写到,马格哈尔的公共图书馆中的儿童"现在是使用图书馆,而不仅仅是抓起一本书,在油布上摸爬滚打,然后被清理出图书馆"②)。塞耶斯认为,最好把独立的小写字台或桌子按区域分开,这样的安排会保护孩子们尽可能多的个人隐私。椅子或者座位也不应该是校园式的,它们有靠背,坐起来很舒适③。由于疲劳和吵闹的脚步声,孩子们不应该被强制像大人一样站着看书④。但是,在诺丁汉的一座图书馆分馆中,直到1927年,图书馆仍然提供站着使用的阅读台,儿童可"模仿在旁边阅览室中的长辈"⑤。

但是,这时候,诺丁汉的瓦尔特·布里斯科(Walter Briscoe)还能够与"未来的计划必须首先迎合儿童的要求,其次是成人"这种日益升温的观点来争论⑥。在1927年开放的曼彻斯特威星顿公共图书馆(Withington Public Library)的儿童阅览室则被当地权威部门自豪地宣布为"最有吸引力的一个图书馆部门",而且它占据一整层楼的空间,

---

① Van Slyck, *Free to all*, op. cit., p. 186.

② 'Children's book week held at Maghall', *Library Association Record*, Vol. 47 (1945), p. 45.

③ Sayers, *The children's library*, op. cit., p. 100.

④ Sayers, *The children's library*, op. cit., p. 111.

⑤ Briscoe, *Library planning* (London: Grafton, 1927), p. 135.

⑥ Ibid., p. 138.

和图书馆的主阅览室的规模相当①。诺丁汉南部分馆(Southern Branch Library)舒适的儿童阅览室也在同年开放,没有设置可以令人想起学校教室所摆设的阅读桌,另外它们与其周围舒服的椅子一起营造出了儿童俱乐部的感觉。在阅览室的周围是斜面阅读桌,都与人坐着的高度持平,上面摆放着很多儿童杂志和儿童文学;特殊场合还设置可供两个人就坐的靠背长椅,用来缓减严肃的气氛②。

1939 年利兹的十字门公共图书馆(Cross Gates Public Library)的儿童阅览室中心开始提供电暖器。电暖器被圆形的沙发围绕,这个空间主要用于讲故事,但是也可以供读者单独使用[由各种家具构成的阅读圈或角落是相当常见的,而且其在很多方面是出现在 21 世纪晚期的"舒适地带"(comfort zones)的雏形]③。这个房间的另一个吸引人的地方是墙壁上描绘儿童经典作品中情景的彩色壁画以及许多国家的居民围绕世界地图的场景。人们认为这些图片可以启发儿童的心智,使他们懂得艺术欣赏,并且可以在房间中营造家庭的氛围。它们也能够通过具体的形式,传递勇敢、爱国以及阅读和学习的重要性等观念④。谢菲尔德的希尔斯堡公共图书馆(Hillsborough Public Library)在 1929 年因当地艺术学校中的学生在其墙壁上绘制了一幅

① City of Manchester Public Libraries, *A note on the new building of the Withington Public Library* (1927).

② Briscoe, *Library planning*, op. cit., p. 135.

③ Leeds Libraries and Arts Committee, *Official opening of the Percival Leigh [Cross Gates] Public Library* (1939). 'A new library at Cross Gates, Leeds', *National Builder*, Vol. 19, No. 6 (January 1940), p. 155. J. T. Gillet, 'Percival Leigh Branch Library, Cross Gates, Leeds', *Library Association Record*, Vol. 42 (February 1940), p. 41.

④ Briscoe, *Library planning*, op. cit., p. 136.

巨大的壁画而被装饰一新。1936 年,在士嘉堡出生的艺术家肯尼斯·罗恩特里(Kenneth Rowntree)在士嘉堡公共图书馆的四面墙壁上绘制了儿童文学中的场景。

因而,图书馆趋势开始向着开放、舒适、尊重隐私以及注重对儿童品位提升的方向发展。在利兹的西浦斯加分馆(Sheepscar Branch Library)中,儿童阅览室和成人借阅图书室都被设计为具有"极其吸引人的"低矮窗户的建筑,这据说能够提供一种"公共价值",并且用于"打破损害许多图书馆内部设计的美学吸引力的单调排架方式"①。规划者开始质疑儿童阅览室中"对监管(supervision)的迷恋"②。儿童图书馆设计方法的改变反映了图书馆对儿童读者的信任日益增加。

1945—1980 年:现代的开放式办公室

在第二次世界大战之后,儿童图书馆继续作为公共图书馆服务的一个重要部门得到了发展,这得益于福利国家政策和战后国家紧缩期过后公共财政支出的增加。1947 年,成立了已有 10 年的儿童图书馆员协会(Association of Children's Librarians)以独立身份正式加入了图书馆协会(独立于其中的青年图书馆部)。而且,到 1959 年它已吸纳了 1000 名会员③。在 20 世纪 50 年代中叶,人们发现社会上缺乏训练

① J. T. Gillet, 'Sheepscar Branch Library, Leeds', *Library Association Record*, Vol. 40 (August 1938), p. 413.

② Ibid.

③ Ellis, *Library services for young people*, op. cit., p. 98.

有序的儿童图书馆员,因而通过举行一些培训活动来解决这个问题[①]。

在战争刚刚结束的时候,我们在儿童图书馆领域仍然能发现维多利亚时代的思维方式。比如 1951 年,图书馆馆长查理斯·埃利奥特(Charles Elliot)写道:"短暂的邪恶,玷污了许多儿童图书馆的书架。"[②]图书馆员通常把儿童图书馆看作是一个文化的战场,他们希望能够击退腐化人心的流行文化大潮,不管是"鸦片"文学、漫画书、电视或者是在图书馆进行的木偶戏[③]。图书馆员还发现了恐怖漫画和儿童不良行为之间的联系[④]。"在孩子们迷上漫画之前,让图书馆把他们带到书的世界吧。"一名图书馆员在 1952 年这样写道[⑤]。但是,从 20 世纪 60 年代以后,儿童图书馆的著作中出现了更为自由且富建设性的论调,这种观点是对 20 世纪 20、30 年代的先驱观点的发展。比如在 1963 年,苏格兰学校图书馆协会(Scottish School Libraries Association)的

① J. Butler, 'Survey of public library services for children', *Library Association Record*, Vol. 57 (1955), p. 450 – 451. In 1955 a six-week full-time course on library work for young people was provided by the North-Western Polytechnic in London, as advertised in the *Library Association Record*, Vol. 57 (1955), p. 322.

② C. A. Elliott, *Library publicity and service* (London: Grafton, 1951), p. 63.

③ J. D. Reynolds, *Library buildings, 1965* (London: Library Association, 1966), p. 7 carries a photograph of children reading poetry in the public library in Kirkby, Liverpool. In a patronizing fashion, the photograph's caption tells us that "the community is rough and tough, but children read poetry in Kirkby", implying that children's consumption of 'traditional' literature, even in a 'rough and tough area', was what librarians mostly wished to see.

④ F. Wertham, 'Seduction of the innocent', *Library Association Record*, Vol. 57 (1955), p. 170.

⑤ S. Uniechowska, 'Libraries and the pre-school child', *Library Association Record*, Vol. 54 (1952), p. 365.

主席进行辩解说:漫画"利远大于弊"[1]。通过图书馆协会一个新的课程大纲的帮助,图书馆学校开设了为期两年的培训课程,职业预备的专业化程度得到了加强,如像艾利斯所说,一个完全的"职业化道路"出现了[2]。对低于7—8岁的儿童的服务受到了更积极的鼓励。人们对儿童服务日渐高涨的兴趣也体现在了其他方面,比如1955年国际图联(IFLA)专门下设了图书馆儿童和青年工作委员会(Committee on Library Work with Children and Young People)。

直到20世纪50年代末期,转好的经济环境才使得公共图书馆开始重新建设,但是自此之后,直到20世纪70年代中期,政府对于公共图书馆实体建筑的投资迅速增长。图书馆对其本身对儿童读者开放程度的关注,在1939年之前就已经初露端倪,而在战后则继续发展,并且通过建筑的开放规划得到了更明确的表达,在设计中揉和家庭因素。在这个领域中,儿童图书馆在两次世界大战期间就已经积累了丰富的经验。向开放式设计的转变标志着儿童图书馆设计史的一个重要突破,所以我们在下文中要对它的出现和早期发展进行探讨。

开放规划设计(有时被称为"自由规划"或者"流动规划")是建筑空间领域的新视野,它产生于20世纪早期,但是也可追溯到19世纪晚期与艺术和工艺运动(Arts-and-Crafts Movement)有关联的日本设计时尚。它因新的建筑技术的产生而成为可能(尤其是钢筋混凝土技术),因为这些技术消除了内部承重墙的必要。在技术之外,正如阿迪·沙米尔·锡安(Adi Shamir Zion)所说,开放式规划也得到了科学

① 'Gobbledegook – or "pleasant conceit"', *Liaison*: *The News-Sheet of the Library Association* (August 1963), p. 53.

② Ellis, *Library services for young people*, pp. 119 – 167.

和文化等平行领域上发展的推动,从弗洛伊德(Freud)的无意识思想的“流动的柄节”(fluid scape),到爱因斯坦(Einstein)观察时间和空间关系的新方法,再到美国舞者伊莎朵拉·邓肯(Isadora Duncan)的自然风格的编舞以及毕加索(Piccaso)立体派形状艺术的自由表达。建筑师开始从传统和空间上的束缚中解脱出来。这在房屋设计领域得到最明显的体现。开放式设计是弗兰克·里奥德·莱特(Frank Lloyd Wright)的“草原之家”(Prairie Houses)的一个重要元素(例如罗宾别墅,1910年)。消除独门独户风格的房间也是勒·柯布西耶(Le Corbusier)的特色之一(例如1929年的萨伏伊别墅),房间在各个方向上镂空,表达了他和他同时期的建筑师(比如路德维希·密斯·凡德罗(Mies van der Rohe))称之为“自由设计”的概念。不久之后,自由流动的平板布局又加上了大幅面的玻璃墙,同时玻璃墙取代了窗户并模糊了室内外的区分①。大幅面的玻璃减轻了小房子带给人的压抑感,给人以简洁感以及宽敞的感觉②。在第二次世界大战之后,开放式的设计也成为大型办公楼的特点之一。战后的现代主义见证了“开放式办公室”的出现,在这样的办公室里,平面的空间被织物覆盖的屏风、桌子、文件柜、植物和其他充当障碍的物品所分割。布局是由交通流量来决定的,而不是由严格定义的工作等级来决定的③。

学校中的开放式设计由弗朗西斯·奥尼尔(Francis O' Neill)所开

① A. S. Zion, *Open house: unbound space and the modern dwelling* (New York: Rizzoli International Publications, 2002).

② S. Isenstadt, *The modern American house: spaciousness and middle-class identity* (Cambridge: Cambridge University Press, 1975), p. 175.

③ A. Massey, *Interior design in the twentieth century*, 2nd edition (London: Thames and Hudson, 2001), p. 146.

创,他于 1918 年至 1953 年之间担任位于莱切斯特的普莱斯托利学校(Prestolee School, Lancashire)的校长。奥尼尔相信,孩子可以通过实践来获取知识(他的学校后来被人称为"行知学校")而且根据本身的速度来做到这件事(自发学习)。他推行的重要设计创新是把集会室改造成了一间应用开放式设计的教室。这个教室面向所有学生开放。屏障和其他的家具可提供必要而且灵活的分区,长桌子可拼凑起来为小组活动提供足够大的平面。这种布置影响了未来半个世纪的学校设计,对此做出最好诠释的是 E. R. 罗宾逊(E. R. Robson)和他为英国学校委员会(London School Board)所做的工作。他们在环绕集会室周围设置了面向不同年龄学生的教室,这种方法最早出现在普鲁士(Prussia),是对把所有年龄段学生放在一个大空间中进行同步教育的传统方法的赤裸裸反对①。在某些方面,奥尼尔的方法也是 19 世纪上半叶或更早期的方式的回归,其后则又被 20 世纪 60 年代和 70 年代的趋势所继承,尤其是在初等教育中。开放设计式学校的特点包含:拥有大的平面空间以便增强灵活性;开放式的教室;利用可以移动的家具来隔离班级;教室和道路具有空间上的连续性②。

开放式学习在英国和其他地方得到了进一步的推动,比如位于意大利北部受到儿童护理专家洛里斯·马拉古奇(Loris Malaguzzi)影响的雷吉奥·艾米莉亚(Reggio Emilia)婴幼儿中心以及学前班。雷吉奥·阿玛丽亚幼儿教育项目开始于 1945 年,并最终享誉全球。雷吉奥教学法(Reggio Emilia Approach)认识到环境是"第三个老师",前两

① M. Dudek, *Schools and kindergartens: a design manual* (Basel and Boston: Birkhäuser, 2008), pp. 10 – 15.

② A. Van Slyck, 'School', in *Encyclopedia of 20th-century architecture* (London: Routledge, 2004), p. 1181.

个老师是家长和照护员。因而它把很多注意力集中于幼儿早期所处环境的外观和感觉上。空间被根据组织项目的大小需求来安排,同时也有为一个、两个或者三个儿童设计的小型隐私空间。环境同时符合成人和儿童的欣赏水平,家具也是多功能的。艾米莉亚的布置方法大量使用自然光和人工光源,无论从地板到房顶的天窗,还是布满儿童创作的彩色艺术品的灰白墙壁。雷吉奥·艾米莉亚机构(Reggio Emilia Institutions)的一个重要设计特点是其内部具有一个中心广场,或者露天广场。这是一个学校内的公众集会空间,其概念借用了城镇广场的传统①。

考虑到20世纪开放式设计在建筑领域的强劲发展历史(不论是在家庭还是办公室方面),图书馆中采用开放式设计也就不会令人惊讶了,这符合20世纪50年代和60年代激进的现代主义设计思维。开放式设计的应用在斯堪的纳维亚半岛受到追捧,正如丹麦的图书馆员斯文·普洛夫哈德(Sven Plovgaard)在1960年对英国的一次访问中解释的那样,人们当时相信,严格定义的部门给人一种机构式图书馆的印象(尽管在大型图书馆中,一些部门化现象不可避免);而开放式的内部空间可以进行非正式、灵活并且是有效的规划,任何对空间的分割只需要对家具和不同类型可移动障碍物进行认真的安排即可实现②。当伯明翰一座新的中央图书馆在20世纪60年代被规划的时候,开放式设计的方案得到了支持,因为人们相信它能够"让建筑有一个更长的使用寿命,因为它有可能改变并且重新分配内部空间以满足

---

① Dudek, *Schools and kindergartens*, op. cit., pp. 10–15.

② S. Plovgaard, 'Building layout in Denmark', in K. M. Newbury (ed.), *Design in the library* (Penge: The Library Association London and Home Counties Branch, 1960), pp. 20–21.

年复一年需求和活动的变化”①。

在第二次世界大战之后，对技术进步的热情和对诗学的欲望驱动了家庭中的开放式设计哲学的兴起，人们希望社会由此能从一个萧条的压抑时代和战争的阴影中解脱出来。它也象征着人们对于儿童福利的关注，以及给予儿童更大自由的愿望②。事实证明，这种动力被融入到了儿童图书馆计划中。开放式规划的建筑使得儿童图书馆服务与图书馆的日常工作和形象更加统一，而在 20 世纪 60 年代和 70 年代，这就变得非常普遍。在 1960 年，在贝尔法斯特奥缪路图书馆一座分馆（Ormeau Road Branch Library, Belfast）的改造中，儿童设施占据了 1/3 的空间，但是在儿童空间和成年人空间之间并没有进行物理分割（尽管儿童区域被较低的天花板划定）③。到了 1965 年，在伦敦西南部的九榆木（Nine Elms）、莱切斯特郡的蒙特索雷尔（Mountsorrel）以及西苏塞克斯的塞尔西（Selsey）的小型图书馆中，儿童空间和成人空间都是自由转换的。但也有一些图书馆仍然在提供完全分割的布局，比如东巴内特的布鲁克希尔路图书馆（Brookhill Road Library, East Barnet），这座图书馆在第一层安排了独立的少年参考室和借阅室，它们和成年人的参考室（也在第一层）以及楼下的成年人借阅室是分开的；而在霍恩西中央图书馆（Hornsey Central Library），它们不仅有一个面

① ‘£ 2 ¼ million open-plan project for Birmingham’s new central’, *Liaison: News-Sheet of the Library Association* (February 1963), p. 10.

② C. A. Pearson (ed.), *Modern American houses: fifty years of design in the ‘Architectural Record’*, 2nd edition (New York: Harry N. Abrams and the Architectural Record, 2005), p. 15.

③ I. A. Crawley, Belfast: Ormeau Road Branch, *Library Association Record*, Vol. 62 (1960), p. 346.

向儿童的单独房间,而且为此设置了单独的入口,这是对维多利亚时代的风格的一种回归①。"富有技巧的设计"让东伯恩(Eastbourne)新的中央图书馆的儿童读者拥有了"他们自己的一座独立的图书馆,但同时也并没有和主馆分开",这一过渡时期被人们评价为"顺其自然,少有突破"②。

降低成人和儿童设施之间的隔离物并不是在所有地方都适用的。在伦敦威斯敏斯特(Westminster district)的皮姆利科(Pimlico),1960 年开放了一座独立的儿童图书馆(由于臃肿的道路交通和大面积的非住宅区,威斯敏斯特是最适合提供成人图书馆服务的地区,并不是提供儿童图书馆服务的最好区域)③。这座占据两个商店空间的图书馆,位于丘吉尔花园小区(Churchill Gardens Housing Estate)边缘的一个 7 层建筑的地下室内。图书馆的内部设计完全采用现代风格。天花板由外加无光泽塑料保护层的舌榫板构成,地板用的是打磨过的枫木,墙壁被油漆涂成蓝色和浅灰色。所有未上漆的木质材料都是西非硬木。为了避免杂乱,图书馆没有使用独立的书架,而是把两个展示架装上轮子,这样可便于移动。图书馆员的柜台采用由金属和玻璃构造而成的新颖设计。L 型房间内部的两个侧面使用自然光照明,这些光来自一个由玻璃拼置成的庭院,在夏季这个庭院可供儿童进行室外阅读。房间的照片展现了一

---

① See plans or photographs of these libraries in the *Library Association Record*, Vol. 66 (1964), pp. 541, 567, 568, 572; and in Reynolds, *Library buildings, 1965*, op. cit., p. 45.

② 'Eastbourne's new Central Library', *Library Association Record*, Vol. 66 (1964), p. 520.

③ The description that follows is in L. R. McColvin, 'Pimlico Children's Library', *Library Association Record*, Vol. 62 (1960), pp. 367–368.

个具有高度时代性的内部设计，并且其还带有当时的现代主义简约风格的典型特点。但是，如果只是用照片作为证据，我们无法判断这个房间是否为儿童图书馆。它在外表上更像是一间现代的办公室。事实上，20世纪60年代的许多儿童图书馆都借鉴了办公室的环境特点，它们配置精工细作的桌子以及其他更为舒适的家具。①

皮姆利科儿童图书馆的推动者是莱昂内尔·麦克科尔文（Lionel McColvin），他是威斯敏斯特的图书馆馆长，也是他那个时代最顶尖的专业图书馆员。他在《儿童图书馆》（*Libraries for Children*，1961）一书中对其儿童图书馆思想进行全面的阐述。通过描述维多利亚时代专业先驱者的实践，他建议儿童阅览室应该布置得尽可能像成年人图书馆一样，不同处只是要被设置得更加"舒适和华丽"②；或者就像他在另一个场合所说的，图书馆的儿童部门应该"比其他部门变得更加俏丽"③。他建议，儿童图书馆应该避免成为教室式的模样，他还抗议说，许多图书馆看上去都太过时了，"没有可以圈点的装饰而且显得沉闷，只有笨拙的旧式家具，以及适合于公共卫生间或者是火车站的装饰"，而且或许也被"篇幅过大的壁画"和"毫无意义的模拟壁炉凹"所影响④。在设计上和图书馆政策与服务的很多其他方面，麦克科尔文

---

① The term 'work*man*like tables' was used in connection with the children's reference collection at Hornsey Public Library in the mid-1960s, as reported by Reynolds, *Library buildings*, *1965*, op. cit., p. 44.

② L. R. McColvin, *Libraries for children* (London: Phoenix House, 1961), p. 120.

③ L. R. McColvin, *British libraries* (London: Longmans, Green and Co. for the British Council, 1946), p. 23.

④ McColvin, *Libraries for children*, op. cit., p. 121.

图 3　莱昂内尔·麦克科尔文,《儿童图书馆》(London: Phoenix House, 1961).

都是一位被公众所承认的革新者。在 1957 年访问芬兰之后,他宣称:“他们领先于我们”;他认为英国需要开始重建并且改进其图书馆,并警告道“否则我们就会很快被时代所淘汰。”[①]斯堪的纳维亚国家对于儿童图书馆设施的做法得到了英国图书馆员的格外称赞[②]。

就像他的许多同代人一样,对于麦克科尔文来说,儿童图书馆需要欣然接受设计的现代主义革命,即便这意味着要与成年人设施的同步,以及要采用一种普遍存在的极简主义风格。20 世纪 60 年代的有关图书馆的文献中充满使用当时现代主义设计方式的儿童图书馆的形象。1964 年,在布伦特福德和齐斯维克中央图书馆(Brentford and Chiswick Central library),儿童阅览室从战前的无趣、杂乱的空间,转化为一个灯光明亮、空间富裕的场所,里面配置着打磨光滑的斯堪的纳维亚的家具[③]。有时候,现代主义的儿童图书馆最明显的特征是其稀疏(sparseness)的特点,正如菲尔特汉姆公共图书馆(Feltham Public Library)中的儿童阅读角一样[④]。

20 世纪 80 年代以后,家庭式的“舒适区”以及流行文化操场

与不平稳的经济以及相关政治激进主义的发展不同,在 20 世纪

① L. R. McColvin, ‘A visit to Finland’, *Library Association Record*, Vol. 59 (1957), p. 296.

② H. Jones and L. Medlock, ‘Children’s libraries in Scandinavia: first impressions’, *Library Review*, Vol. 22, No. 5 (1970), pp. 251 – 254.

③ P. Millard, *Modern library equipment* (London: Crosby Lockwood, 1966), pp. 41 – 42.

④ Photograph in Reynolds, *Library buildings, 1965*, op. cit., p. 47.

70 年代和 80 年代,一种新的公共图书馆服务模式在英国出现并且传播开来,这便是社区图书馆学[①]。其目的并不是对整个图书馆社区分享服务,而是通过将公共图书馆去制度化,进而把图书馆服务转移到图书馆外的社区,去优先服务弱势人群。人们认为,图书馆把自己重新定位于深入社区的位置,这样图书馆员就能够打开图书馆服务的局面并使其成为"社区的催化剂"[②]。这种新的关注点把特定用户群限定为其主要目标,这种战略后来被证明对儿童图书馆用户以及潜在用户是有益的。在贾内特·希尔(Janet Hill)1973 年所写的关于儿童图书馆的著作《儿童也是公民:社区中的图书馆员》(*Children are people: the librarian in the community*)中[③],他表达了一种新的决心,即理性地识别年轻人的阅读、文化和信息需求,并且发现这些需求和成年人需求的显著不同之处,进而来改进儿童图书馆的服务。

这种儿童图书馆服务新方法一部分表现在有关对策以及青年人单独空间的选址上[④],这种趋势受益于无可动摇地崛起的"青年文化",这种文化不仅被儿童的晚期和成年人的早期这一过渡区间之间日益扩大的代沟所维持,也得到了一个独特的"同类群体导向"的休闲

① A. Black and D. Muddiman, *Understanding community librarianship: the public library in postmodern Britain* (Aldershot: Avebury Press, 1997). W. Martin, *Library services to the disadvantaged* (London: Bingley, 1975).

② A. M. Adams, 'How to "open" a library', *Library Association Record*, Vol. 75 (1973), pp. 152 – 153.

③ J. Hill, *Children are people: the librarian in the community* (London: Hamilton, 1973).

④ L. Love, 'Teenagers and library use in Waltham Forest', *Library Association Record*, Vol. 89 (1987), pp. 81 – 82.

消费模式和一种关注群体风格的心态的支持[①]。第一个面向十几岁青少年的图书馆最早在20世纪30年代出现于沃尔瑟姆斯托(Walthamstow)。1962年,图书馆馆员戈登·比尔曼(Gordon Bearman)建议,面向年轻人的图书应该被置于继续教育学院的食堂中,在晚上这样的移动图书馆能够为青年人俱乐部提供服务[②]。1964年,赫特福德郡县议会(Hertfordshire County Council)开始出版一系列的小册子,题名为《青少年阅读》,这在一定程度上是为了鼓励青年人为自己购买平装本图书[③]。但是,直到20世纪80年代,在这个领域才出现了一些真正的进展,向青少年人提供阅读资源经常是通过提供两份资源的方法来实现的,一份资源放在成年人图书馆中,另外一份则放在儿童图书馆中[④]。20世纪80年代,在格拉斯哥附近出现了一些青少年图书馆,比如卡瑟缪克青少年图书馆(Castlemilk Teenager Library)、约翰斯通信息与休闲图书馆(Johnstone Information and Leisure Library),以及约克尔青少年图书馆(Yoker Teenage Library)[⑤]。1985年,Xchange青少年

---

① 'Youth culture', in S. Bruce and S. Yearley (eds.), *The Sage dictionary of sociology* (London: Sage, 2006).

② H. G. K. Bearman, 'Literacy, libraries and youth', in *Book provision for special needs* (London: Library Association London and Home Counties Branch, 1962), pp. 35 – 36.

③ S. G. Ray, 'Library work with children and young people', in P. H. Sewell (ed.), *Five years' work in librarianship 1961—1965* (London: Library association, 1968), p. 380.

④ D. Denham, 'Public library services for children', in A. Black and P. Hoare (eds.), *The Cambridge history of libraries in Britain and Ireland. Volume 3: 1850—2000* (Cambridge: Cambridge University Press, 2006), pp. 108 – 109.

⑤ A. Miller, 'Notes from abroad: a study tour of German libraries', *Library Association Record*, Vol. 91 (1989), p. 224.

阅览室在布拉德福德中央图书馆(Bradford Central Library)中开放,这是为了应对不断增长的少数民族人口,以及逐渐上升的青少年失业率。这个阅览室的绝大多数用户都在13—17岁之间,但是也有11%的用户超过20岁。这座图书馆的设计据说是"高档而新潮的,使用明亮而精致的家具……其目的是营造一种介于书店和咖啡馆之间的氛围"①。

在20世纪80年代,青少年图书馆服务是人们关注的主要领域之一,而从20世纪90年代以后,人们主要关注点从儿童图书馆服务转向了幼儿图书馆服务。社会对幼儿及其家庭日益增加的兴趣对图书馆所提供的服务以及儿童图书馆设计产生了显著的影响。伴随着政策制定者对信息时代的社会问题、教育和公众的阅读技能的关注,幼儿教育进入了国家的政治议程,而儿童服务也受到了高度关注。在过去的10年里,英国的工党政府把教育和更高等级的识字率看作是战胜贫穷的方法,并且为寻找有效的儿童早期教育和护理投入了可观的经费。政府采取一些措施来鼓励家长从事并且维持一份带薪工作,而政府则提供更好的儿童护理服务以及更灵活的就业政策。《英国千禧年同期人群分析》(*United Kingdom Millennium Cohort*)的研究②提供了一个让人们反思20世纪之初英国儿童状况的机会。对于上一代人来说,母亲在孩子年幼时远离有偿工作;从20世纪80年代开始,越来越多学龄前儿童的母亲出现在劳动力市场上,她们的数量在20年内翻

① J. Nicholson and H. Pain-Lewis, 'The teenage library in Bradford: an evaluation of exchange', *Journal of Librarianship*, Vol. 20, No. 3 (July 1998), p. 206.

② Dex, S. and Joshi, H. (eds) *Children of the 21st Century: from birth to nine months* (Bristol: The Polity Press, 2005) [Part of the UK Millennium Cohort Study Series].

了一番。在过去30年左右的时间里，学前教育得到快速发展。在英国，招收3—4岁儿童的学校数量占英国所有相关学校数量的比例从1970—1971年的21%，增长到了2003—2004年的65%。跨职业和跨机构的工作是这些措施的重要特点，比如为幼儿而创建的“确保开端计划”(Sure Start)的本地项目，这个项目通过多学科团队途径，来解决本地社区中社会排斥问题。

在过去，公共图书馆的服务主要集中于已掌握阅读技能的儿童身上。英国的公共图书馆如今开始积极地鼓励婴幼儿的家长和看护者加入语言和识字的活动中；同时IFLA在其2007年出版的《婴幼儿图书馆服务指南》(*Guidelines for library services to babies and toddlers*)中关注有3岁以下儿童家庭的需求：“可获取、引人注目、有吸引力、安全、非挑战性，以及没有威胁的场所……这里没有访问的障碍，比如不带扶梯的台阶、或者难以推动的门、或者对婴儿爬行和走路具有潜在危险的区域。”①

在2002年，英国图书馆与情报专家学会(Chartered Institute of Library and Information Professionals, CILIP)的一个工作组发表了一份题为《从儿童开始》(*Start with the child*)的报告，在报告中他们提供了一份儿童和青年图书馆服务的概览。这份报告认为图书馆能够改变儿童的人生，同时还赞扬了图书馆合作项目的出现，比如图书馆当局和1997年推出的“确保开端计划”(Sure Start)项目的紧密合作，后者的目的是通过综合提供早教、儿童护理、健康和家庭支持，让每个儿童都

① International Federation of Library Associations (IFLA), *Guidelines for library services to babies and toddlers* (The Hague: IFLA, 2007) [IFLA Professional Reports No. 100], p. 7.

能拥有最好的生命开端。“确保开端计划”(Sure Start)中的许多图书馆都成功地获得了幼儿工作者的预算,并且许多图书馆也成为了“阅读起步走”(Bookstart)的参与者①,这个国家项目鼓励所有的家长和护理员尽早和儿童一起享受图书。“阅读起步走”旨在为英国儿童提供免费的图书资源。图书馆、卫生专业人员以及幼儿工作者把这些书送给家长和护理员,并邀请他们来访问本地图书馆。

对于婴幼儿服务设计的细致思考肯定不是新鲜事②,但是近年来,人们确实花费了许多精力来扩展这个领域,这其中也涉及图书馆领域。在维克菲尔德(Wakefield),“确保开端计划”(Sure Start)资助了一家阳光图书馆(Sunshine Library),这是英国首家专门服务于婴幼儿的图书馆③。这家具有创新性的阳光图书馆于2001年开放,座落于卢普赛特住宅区(Lupset Housing Estate)的一个社区中心。它在家长们的帮助下得以设计完成,而且通过清除传统的障碍,成为当地的一个核心的社会空间。阳光图书馆专门为了给贫困社区家庭提供儿童早期的语言发育帮助和图书兴趣培养而创建的。服务于本地社区是这座图书馆的意义所在,而本地的家庭积极地参与了这座图书馆从规划到开发的整个过程,他们的意见也反映在该计划的起草中。他们协助选择书架、家具和设备。他们也参与选择图书馆内部的以农场为主题

① http://www.bookstart.org.uk/ [viewed September 2011].

② Matrix and the Greater London Council Women's Committee, *Buildings for childcare: making better buildings for the under-5s* (London, 1986).

③ Chartered Institute of Library and Information Professionals (CILIP), *Start with the child: report of the CILIP Working Group on Library Provision for Children and Young People* (London: CILIP, 2002), p. 39.

的设计方案以及"阳光图书馆"的这个名字①。

人们除了对于幼儿的安全与健康的关注之外,也开始关注家庭以及通过制定政策来加强家庭发展机会的需求。在最近几年,"破碎英国"(broken Britain)的形象被广泛传播。这在很大程度上是因为,人们开始越来越多地担心家庭护理、家庭暴力、单亲家庭、缺乏父爱而导致自私的个人主义以及婚姻制度的未来等问题,这些往往作为"世纪末"(fin de siècle)的忧虑而出现②。作为对家庭解体会引发各种不良后果这种看法的回应,1997 年,工党政府建立了"家庭部长小组"(Ministerial Group on the Family),并宣布其目的在于通过制定政策来增加对家庭生活的支持③。2003 年出版的《每个孩子都重要》(*Every child matters*)的咨询绿皮书是政府对于维多利亚 · 科林比(Victoria Climbié)凶杀案调查的一部分,这个绿皮书制定了规划:通过改进服务来支持处于不同背景的儿童,并且研究一个能够在最大程度上保护这些面临危险的孩子的框架机制。长期的研究项目"有效提供学前教育"(The Effective Provision of Pre-School Education, EPPE)证明了家长对于儿童早期教育效果的重要性,表明家长和看护者能够让事情变得

---

① C. Rankin et al., *The role of the early years librarian in developing an information community: a case study of effective partnerships and early years literacy within a Sure Start project in Wakefield*, Proceedings of the 35th Annual Conference of the Canadian Association of Information Science, Montreal (2007).

② J. Lewis, 'Family change and lone parents as a social problem', in M. May, R. Page and E. Brunsdon (eds.), *Understanding social problems: issues in social policy* (Oxford: Blackwell, 2001), pp. 37 – 54.

③ Ministerial Group on the Family, *Supporting families: a consultation document* (London: Stationery Office, November 1998).

截然不同[①]。

最近,英国的图书馆社区指出,鼓励幼儿和他们的家庭使用图书馆,能够给他们提供一个良好的发展基础,这样不仅能够使得幼儿的识字率得到提高,还能够维护家庭和谐进而保持社会稳定。IFLA 在其 2003 年出版的《儿童图书馆服务指南》中也承认了家庭的重要性[②]。能够让家长来获得信息并鼓励他们带着幼儿来到图书馆也是一个非常重要的措施(这和早些年儿童图书馆使用的情况形成了鲜明的对比)。图书馆被提升为欢迎所有人的社区中心。图书馆的管理者力图保证传统上获取和使用的障碍不复存在。如果家长和看护者能够在图书馆中感到轻松和受欢迎,这就能够增强他们与此相关的所有体验,促使他们之后再次造访图书馆。

在 20 世纪 90 年代,上文所描述的社区图书馆学的方法让位于争议较小的“社会包容”的观点,这种观点认为:政策(包括儿童福利、家庭、教育和公共图书馆领域的政策)可能会引起社会的排斥,贫穷因此而生或被加剧。为了解决社会和经济上的不平等,政策制定者对于“社会资本”的概念产生了更大的兴趣,这个概念是对我们称之为“社会基础结构”的一种构建,也是对相互理解和信任以及具有共同的价值观和行为的人们之间活跃联系的一种构造。随着社会资本概念的出现,有人建议我们应该更多地关注“实体资本”,也就是我们所创建的地点和空间的结构和本质。市场研究机构 MORI 最近发表的一份报告证明,我们所构造的环境会对我们的生活质量产生影响,在这个

① K. Sylva et al., *The effective provision of pre-school education* [*EPPE*] *Project: final Report* (London: DFES/Institute of Education, University of London, 2004).

② IFLA Libraries for Children and Young Adults Section, *Guidelines for Children's Library Services* (2003).

环境中，家庭、学校、医生诊所、街道以及公园加起来构成一个地点的"实体资本"①。这个前提是，在改进生活质量方面，人们应该把注意力集中于城市机体的设计质量②。

按照这些观点，人们已经意识到，通过提供可以聚会、社交和休闲的安全空间这样的实体资本，图书馆有助于构建社会资本。近年来，家庭内部设计的一个重要发展就是出现舒适区（comforting zone）这一概念。这个概念反映了我们"蚕式"（也就是"宅"的生活方式）生活倾向在某些人看来是人们对于这个时代的社会焦虑以及公众行为和道德的反应。正如一位图书馆员所说的："在家待着读书，是某种意义上的一种新的外出方式。"③作为这种趋势的一部分，在家"悠闲地生活"也就成为一种娱乐方式④。家的庇护所功能日益重要，就像宜家家具（IKEA）的兴起所表现的那样，它是一家斯堪的纳维亚的家具零售巨头，销售高度个性化、价格适中的家具，它不止是一种商业买卖，更传递着"一种生活方式"⑤。把家庭设计为舒适区和庇护所的理念影响了一些公共空间的设计，比如书店和咖啡馆。家庭生活对于公共空间设计的影响在图书馆里也得到了体现，这使图书馆被重新定义为"城

---

① Ipsos MORI, *Physical capital: liveability in 2005* (2005).

② C. Rankin and A. Brock, *Delivering the best start: a guide to early years libraries* (London: Facet Publishing, 2009), p. 58.

③ S. Mckenzie, 'Staying in with a book – the new going out', *Library and Information Update* (May 2009), p. 29.

④ S. J. Slotkis, *Foundations of interior design* (London: Lawrence King), p. 408.

⑤ B. Torekull, *Leading by design: the IKEA story* (New York: Harper Business, 1999).

市中的客厅”[①]。儿童图书馆明显地吸收了这些家庭化设计的趋势,这反映在上文所叙述的人们对于家庭,尤其是对幼儿的关注。在丹麦,很有趣的一件事是,一些图书馆员会直接从宜家那里听取建议[②]。

但是,把儿童图书馆看作是一个“公共领域”的空间,代表了一种有价值的社会资本,即作为物质主义、个人主义以及道德沦丧社会的“避难所”,这和商业化的流行文化以及关注家庭的休闲活动发展所塑造的社会景象是背道而驰的。毫无疑问,儿童图书馆反映了家庭内部空间设计的趋势,但是它们也体现了家庭对于流行文化的消费方式,从麦当劳到迪士尼。正如麦当劳的汉堡生产线一样,食物(有时候还附赠免费的玩具)被视为娱乐,而餐馆被看作是游乐区[③],所以同样在儿童图书馆的环境中,在符号学上看,其部分设计在很大程度上也被看作是一种活动区域(playground),阅读和教育的场所有类似于快餐店的社会角色[④]。在模仿麦当劳活动区域的外观上,儿童图书馆可能被视为与这些快餐店在扮演着相同的社会角色,它们是作为现代化、社会相关度和当代诉求的标志而存在。

---

① K. Worpole, *21st century libraries: changing forms, changing futures* (CABE [Commission for Architecture and the Built Environment], April 2004), p. 12.

② M. C. Madsen, 'Denmark: the room as mediator: interview with project manager', *Scandinavian Public Library Quarterly*, Vol. 41, No. 3 (2008): http://splq.info/issues/vol41_3/08.htm [viewed September 2011].

③ H. Brembeck, 'Inscribing Nordic childhoods at McDonald's', in M. Gutman and N. De Conick-Smith (eds.), *Designing modern childhoods: history, space and the material culture of children* (Rutgers University Press, 2008), pp. 269–281.

④ J. L. Kincheloe, *The sign of the burger: McDonald's and the culture of power* (Philadelphia: Temple University Press, 2002), p. 89.

最近一个经典的儿童图书馆作为操场的案例是丹麦的奥胡斯公共图书馆(Aarhus Public Library),在这座图书馆中,以儿童为中心的关注点意味着"儿童参与性的图书馆"项目让儿童积极地加入对多媒体图书馆服务的设计,识别怎样的图书馆可以使孩子们通过结合玩耍、学习和体育活动来学会交往和交流①。在另一个斯堪的纳维亚的例子中,瑞典 3 座县级图书馆在 2005—2008 年之间提出了"火星速递"(Mars Express)概念②,这个项目关注于倾听儿童和年轻人的声音。第一阶段开发并测试能让儿童积极地参与到设计图书馆的实体空间,以及定义这些空间用途的方法;第二个阶段则探讨如何使用新技术开发图书馆的环境,来增进创新、学习、玩乐以及想象力。同样是把图书馆的建设放在儿童的需求之上,荷兰的海尔许霍瓦德(Heerhugowaard)的天才 100 图书馆(Library of 100 Talents)③是荷兰 2040 年图书馆计划的一部分,这个计划旨在尽可能用富有想象力的方式来设计未来的公共图书馆。这个概念起源于传统的雷吉奥 · 艾米莉亚(Reggio Emilia)的教育愿景中(见 24—25 页),它认为应该让孩子设计自己的学习环境。

继续上述的思考,而且我们需要指出"麦当劳化"主要会让我们想

① http://www. e-architect. co. uk/aarhus/jpgs/aarhus_library_shl050309_4. jpg [viewed September 2011].

② L. Clasesson, The key to future libraries for children and young people *Scandanavian Public Library Quarterly* No 3, (2008) pp. 10-11.

③ M. Mosch and K. Bertrams, 'Library of 100 Talents - Heerhugowaard, Netherlands', Session 103: Libraries for Children and Young Adults, and Library Buildings and Equipment. World Library and Information Congress: 75th IFLA General Conference and Assembly (Milan, 24th August 2009).

起合理化、效率、福特主义和科学管理①,但是在一个充满后现代主义形式的世界里,“迪士尼化”这个概念可能更合适于我们的分析。迪士尼主题公园的文化是异质性的,但是其核心形象毫无疑问是卡通,这是在20世纪最流行也是在技术上最有趣的一种媒体进步。我们在儿童图书馆的设计中可能看到的,不只是迪士尼的主题公园和度假村(比如米奇卡通城或者奥兰多的全明星和流行世纪酒店)②的鲜活颜色和像卡通一样夸张的细节,这些都再一次强调了公共图书馆作为“操场”的功能;也可能看到迪士尼体验中核心的概念:主题化。在这种背景下主题作为一种设计的叙事方式被有意识地加入在一个特定空间或物理环境中,而现在它作为一种区别于对手的策略手段被诸如餐馆、购物中心、动物园和博物馆等服务提供者所使用。正如布莱曼(Bryman)所说,这种方式可能在扩张,“不仅是因为服务提供商和其他人把它看作是一种从我们口袋里挣钱的武器”,而且也是因为“它在我们的意识中产生了一种扬声器或者滚雪球效应:我们越来越多期待各式各样的主题③”。马克西米亚(Maximea)④则指出,在过去几十年里主题博物馆展览空间的设计受到了商业化主题体验开发的影响。尤其是,许多的博物馆中都从迪士尼主题公园中吸取技术,改为己用。这些发展使得公众更加熟悉大规模的展览空间,并且期待这些展览空间有能力呈现更具技术挑战性的展览。而且,每天都有新的儿童博物

① A. Bryman, *The Disneyization of society* (Sage Publishers, 2004), p. 13.

② B. Dunlop, *Building a dream: the art of Disney architecture* (New York: Abrams, 1996), pp. 180 – 189.

③ Bryman, *The Disneyization of society*, op. Cit., p. 53.

④ H. Maximea, 'Exhibition galleries', in B. Lord and G. D. Lord (eds.), *The manual of museum exhibitions* (Altamira Press, 2002), pp. 143 – 195.

馆开放，这些博物馆也把玩耍和学习看得同样重要。作为一种趋势，所有类型的博物馆都越来越多地增加儿童发现空间，或者是儿童展室，而其中的一个核心元素，这也成为一般图书馆中越来越常见的元素，就是具有主动性和互动性的内容。

图书馆主题化的一个早期的案例是 20 世纪 80 年代晚期英国谢菲尔德的华特索普社区图书馆（Waterthorpe Community Library）。在这座图书馆的儿童部中，建造了一个中世纪城堡风格的故事包厢，里面安装了音响系统，在入口的外边设置了一个大的塑料龙，孩子们可以爬上去，坐在上面①。最近的主题化设计包括奥斯维斯特里（Oswestry，城堡风格）、萨顿（Sutton，丛林风格）、以及福尔克斯通（Folkstone，星空风格）等地的公共图书馆，案例的照片可以从在线图书馆设计画廊（on-line Designing Libraries Gallery）的网站上找到②。上文提到的维克菲尔德的阳光图书馆也是农场主题的装饰风格。这座图书馆是由一家叫作"Animania!"的公司设计，这家公司专门从事制作图书馆、医院、博物馆以及学校等中有关儿童的主题化环境③。

与儿童图书馆相关的一个更具代表性的主题空间叫做"宝藏"（The Trove）④，它位于纽约的白原市公共图书馆（White Plains Public Library）中，是一个令人激动、交互式的空间（它原是一座始于 1974 年

① A. Woodfoffe, 'Waterthorpe: Sheffield's new flagship community library', *Library Association Record*, Vol. 91, No. 8 (1989), p. 463.

② Designing Libraries Gallery, http://www.designinglibraries.org.uk/gallery/main.php [viewed October 2011].

③ http://www.animania.org.uk/Animania%20Libraries.html [viewed October 2011].

④ http://thetrove.org/ [viewed October 2011].

图 4　阳光图书馆,维克菲尔德

来源:卡洛琳 · 兰金

的后现代主义结构风格的建筑,经改造后于 2005 年对外开放)。改造的目的是为了重建适合新一代人的图书馆,因为他们已经习惯于娱乐、忙碌和活动。规划者和设计者通过参考博物馆、操场和书店来获得灵感。这个项目的规划花费了几年时间。图书馆工作人员决定了他们应该给儿童提供什么服务,并且和其他的诸如建筑师、剧场设计者以及灯光师等专业工作者进行合作。Trove 为新生到 11 岁左右的儿童提供不同的环境和体验。“Trove”这个名称来自于一个品牌公司的建议,因为这个词指的是一组具有被探索和发现价值的东西。Trove 是一个有多重感受的多媒体空间,读者需要从图书馆二层一处锯齿状的砖墙开口进入，这个主题象征被冲击的传统图书馆。图书馆中的"指南针"是 Trove 空间的焦点，它起到多个作用，诸如信息提供、参考咨询、协助流通和复印。Trove 中的每一个场景都是非常不同的。离入口最近的区域是为比较大的孩子准备的，在最里面是幼儿区域，它受更多的限制，而且更加宁静怡人。

主体化和梦幻化的设计趋势以向后现代超现实主义靠近为其特点，这与现代的理性主义和现实主义是背道而驰的。但是，这并不是说这些现象与前几十年开放式设计、办公室式样的儿童图书馆中所传递的现代主义是完全断裂的。现代主义在室内设计中以高科技或者工业感而呈现，这体现在室内设计融入诸如现代科技、制式地板以及钢制的棚架、楼梯、支柱和屋顶大梁——人们或许可以在东伦敦的"概念"书店领略这种风格，这座图书馆被哈姆雷特塔区（the Borough of Tower Hamlets）重新包装成了今天的样子①，而现代主义的极简主义风格（modernist minimalism）的新代表为中国的"风水"，根据禅的原则对内部空间进行组织②。

结论

英国公共儿童图书馆的历史只有一个多世纪之久。在这段时间里，图书馆员一直敏锐地关注着图书馆的设计。有关儿童图书馆设计的历史可以分为 4 个时期。作为一种新的文化现象，在没有任何建筑

---

① http://www.ideastore.co.uk/ [viewed September 2011].

② A. Massey, *Interior design in the twentieth century*, 2nd edition (London: Thames and Hudson, 2001), p. 168.

学上可参考的先例的情况下,第一次世界大战以前的儿童图书馆在设计方式上接近于教室是不足为奇的,比如内部的摆设要排列有序,桌、椅都是面向前方的,而且它的气氛也是严肃而枯燥的。这种“学校—避难所”的形式背后反映了早期儿童图书馆关注于维护国内年轻人的道德品格的需求,通过儿童图书馆把他们从街头的危险和退化中拯救出来,并且培养健康的人口,以便帮助英国复兴经济和重振威严。

1918 年之后儿童图书馆的设计反映了儿童图书馆服务愈渐增强的自由主义取向,它和前现代时期服务所体现控制和压迫的刻板形象截然相反。随着人们对于童年看法的改变,儿童开始受到儿童福利专家更多的关注,国家也给予他们更多保护(这些变化从一战之前就开始了),与此同时儿童阅览室也逐渐由正式而严肃的气氛开始转变为更加鲜明、家庭化的氛围,就像在中产阶级家庭中所能看到的那样。二次世界大战之间的这个阶段见证了儿童图书馆舒适程度的提高(需要强调的是,并非所有地方的儿童图书馆都是如此)。同样,装饰和空间设施的种类也不断增加,从有窗帘的窗户到彩色的绘画,再到壁炉凹、工作桌以及表演平台,这些都强调了儿童图书馆作为一种具有休闲性、可自由表达和进行创造性游玩空间的角色。

经济的复苏支撑了 20 世纪 50 年代以来图书馆建设的发展,因而在二战之后,开放式设计的现代主义建筑得到了蓬勃发展,而这个趋势的源头可以被追溯到 20 世纪早期斯堪的纳维亚设计的演进和影响,以及办公室空间和欧美房屋设计的发展。和无所不在的现代主义精神一致,成年人和儿童的图书馆在设计上更加相似:像办公室一样,而且以效率取代了舒适的家庭感。

在上一代人的时间里,人们越来越多地开始关注在断裂的后现代社会中家庭的发展轨道,由此家庭对培育幼儿和早教方面变得越来越重视，儿童图书馆的设计也在很多方面反映了家庭中蚕式居住的“舒适区”的概念，而这个概念也在零售业巨头宜家的市场影响力，以及蓬勃发展的家庭装饰文化中，得到了相当多的商业化的关注。除此之外，社会经历了消费者的强势和流行文化的熏陶，因此儿童图书馆采用了操场的形象，其设计也变得越来越有趣、鲜活和高科技化，而彩色应用与家具选择则模仿了麦当劳和迪士尼这样基于家庭的大众化的休闲娱乐场所的风格。

最后，纵览上述我们所认定的主题和时期，某些延续和断裂自然地显现了出来。早期儿童图书馆的庇护所的功能能够在今天图书馆蚕式“舒适区”中展现出来。最早的教室的形象，尽管可在在 20 世纪 20 年代至 30 年代的图画中被看到，甚至能在 20 世纪 60 年代儿童图书馆作为“现代办公室”(modern office)的时代中觅到影踪，今天它们早已不复存在。战后现代主义的开放式设计自然是与办公室设计的当代发展相符合，尽管它也反映了开放式设计房屋的出现，也重新连接了儿童图书馆和家庭领域。建筑游戏设计在两次世界大战期间经历了变形，并重新在 20 世纪早期以具备游乐场功能的儿童图书馆的形式出现。20 世纪 20 年代至 30 年代对家庭环境的深度模仿的情况重新出现，表现为类似宜家这样高度流行风格化的装饰环境被图书馆引用；而且，对公众而言，追随蚕式风格趋势和开放式设计、儿童与成人图书室自由联通等似乎失去了其本身的吸引力。但是儿童图书馆及其设计在公共图书馆领域以及英国和其他地方所处的重要位置是不变的。

儿童的媒体文化:未来图书馆的钥匙?

克尔斯滕·多特纳(Kirsten Drotner)
丹麦教育和高等媒体材料研究中心

媒体动向:融合、商品化和全球化

在世界上的许多地方,媒体是孩子们的日常生活、组建社会网络以及了解世界的基本途径。例如,40% 的 9—16 岁丹麦儿童把会见朋友作为拥有媒体和信息通讯技术(ICTs)的借口——男孩们可能就是玩电脑游戏,女孩们更经常在一起看电影或者听音乐;而这与许多欧洲国家的动态和趋势产生共鸣(Drotner, 2001: 164; Livingstone & Bovill, 2001, *Young People*, 2009)。看电视、玩电脑游戏或者在社交网络网站(例如脸书或者推特)上交换个人下载信息,并不只是孩子们社交生活的附加品,而是他们日常生活模式的一部分。上述 3 个相互关联的趋势标识了他们对于媒体的使用,即技术融合;产品的商业化、以及社会参与的全球化进程。

我们正在见证电视、广播、印刷媒体、移动电话、电脑以及互联网逐渐融合的过程。这种媒体、电信和信息通信技术之间的融合是通过把具有数字化技术可能性的文本、声音、数字、动态和静态的图像等进行数字化,并把所有这些信息集成在一个平台上。一些技术自出现之始就是数字化的,例如个人电脑、游戏机和移动设备;另一些技术则被移植到数字化平台上,例如数字电视、电子书和无线电播客。在过去20年中,以大型新闻公司、互联网提供商、广播公司以及娱乐公司之间跨领域收购为主要形式的商业融合,一直伴随着媒体的技术融合。

当前媒体所形成的复杂集群绝大多数是由商业公司推动,并受市场逻辑驱动的。广播媒体,例如在过去,广播和电视往往因其目的为商业性或公共服务而被一分为二,而且其与国家的关系也有着明确界定;而电脑游戏、在线和移动形式的通讯则几乎全部是商业性的产品和服务,其生存在很大程度上依赖于它们是否能够在全球化的市场中取得成功;当前对于在线内容所有权的争论(知识产权 VS 知识共享)很清楚地表明了在媒体业中商业投资的巨大份额。

综上所述,融合与商品化模糊了当前新媒体和旧媒体之间的边界。因而,信息通讯技术或新媒体的发展,不再独立于图书、报纸、广播或电视等旧媒体。而且,这些技术在世界各地的快速本土化把人们的兴趣从新工具本身转移到其功能上,对于儿童来说尤其如此。例如,孩子们想要一个新的移动电话,不是因为某种先进技术,而是因为他们想要用新的方式实现在不同时间和地点进行沟通(Drotner, 2005; Ling, 2004)。

与融合趋势并行而来的,还有过去20年里媒体和信息通讯技术产品及其传播、格式和应用更为强化的全球化进程。人们普遍同意,今天的媒体是文化全球化的基本要素:符号和文化产品借助通讯技术在全球范围内的加速流动,增强了约翰·汤姆林森(John Tomlinson)所说的“复杂的联结”(Tomlinson, 1999: 2),也就是在全球或者跨国范围内,媒体强调不同文化体系和其存在模式之间的相互联结关系。

到目前为止,以自上而下的视角看待全球化的观点更为流行,该观点关注这种“复杂的联结”在经济、技术、政治和法律上的相关问题。研究儿童对于媒体、类型和格式在跨越地理和时间界限下的使用是一种接近以自下而上的视角审视媒体全球化的方法或途径。这样一种“世俗全球化”的观点(Drotner, 2004)能够证实并且细化通常是很概括的自上而下的关于文化全球化的理论,这些理论还往往被表述为国家文化和跨国文化(例如美国文化)、同质化和异质化之间的二元对立。

用户趋势:处理多重模式、数字鸿沟和差异性

媒体数字化、商品化和全球化的结构性趋势对于儿童的社会文化存在和发展,有着重要而对立性的影响。这些影响涉及多重模式资源的形成和共享、文化参与和数字鸿沟的形成以及处理符号和社会形式的差异性。

数字媒体有助于儿童文化的生产和交换。所有语义符号的数字化能够让文本和数字、图像和声音实现更加无缝、多重的混合,以便更好地使用和更便利地交换。需要指出的是,多重模式本身并不特指数字媒体。最早期的儿童图书就已经存在文本和图像的混合,因此数字媒体的新颖之处只是使得不同的符号系统能够更容易地进入同一个平台,并得以使用。此外,对于符号的使用在其他媒体中也是很常见的,如写信或者通过特殊的形式来修改照片底片。另外,这样的使用是相对容易的,特别是对于数字媒体而言,绝大多数儿童只要能使用电脑,都能够尝试下载音乐、图片和文本,而且还有很多人会编辑并且整合这些信息,然后把结果重新上传进行分享(Gilje 2008, Perkel

2008），而在除电话以外的其他所有类似媒体中，这种即时性都是无法实现的。

这些过程通常都牵涉到对一系列符号准则和惯例的更为复杂的处理。一些研究表明，人们需要很多训练才能塑造这些错综复杂的语义资源，而且其形成方式不仅与年轻的生产者相关，也和处理结果的消费者相关（Jewitt & Kress 2003，Tyner 1998）。很少有儿童在未经过系统培训的情况下，能够表现出任何形式的数字素养或者多重模式的素养。

今天，儿童的休闲文化，而并非学校文化，是亨利·詹金斯（Henry Jenkins）所谓的数字媒体"参与式文化"的首要训练基础。这种文化的特点包括在线参与、创造性表达、合作解决问题以及中介式传播（Jenkins et al. 2006）。但重要的是，这种文化以一种不同的成员模式运行。数字媒体的本质基本上都是商业性的，正如前文所述，儿童对于当前媒体文化的获取和使用因其所在地区、阶层、性别和种族的不同，而存在很大差别。这些所谓的数字鸿沟证明了它和众所周知的文化裂痕之间的紧密关联，后者表现为阶层、性别、种族、年龄和地区等方面的因素（Fox 2005，Peter & Valkenburg 2006）。数字鸿沟通常被决策者和教育利益相关者视作有关获取方面的问题，可是，其最严重的意义或许在于使用的不平等，儿童在学习和了解如何处理媒体的复杂性上存在着巨大的差距，而这与他们当前和未来的生活都是紧密相关的（Warschauer 2004）。

文化偏好和使用上的差别是现代童年的主要表现，因而此种意义上的数字鸿沟并不值得我们分析关注。但是在社会文化政策层面，我们确实应该关注它，因为数字鸿沟已经越来越被视为社会鸿沟。那些广为传播的、全球化的话语均指出，符号的储存、形成、处理以及日益现代化的交流在我们所处的信息社会、知识社会、学习社会、网络社会(Castells 1996, Hutchins 1968, Husén 1974, Ransom 1994, Stehr 1994)中扮演着建设性角色。因此,语义的竞争力就是一种核心竞争力,这种能力可以塑造并且处理多重模式的表达,并将其作为日常合作、交流和参与的一部分。

现代化的儿童休闲文化为形成多重模式的语义资源提供了重要的训练基础。因此,对于这些资源的不均等获取和使用就会将社会不平等加剧到前所未有的程度,因为在过去的社会中,生活机会从没有如此依赖于语义的竞争力。从这个角度上来说,正如我们下文所示,公共图书馆在未来儿童资源方面的选择就有了一种新的意义。

全世界的儿童都知道这些媒体和类型的存在,虽然在现实中他们会对此做出不同的选择。这是因为媒体全球化提供而且强化了不同的存在表现、不同的交流与参与方式,以及不同的处世方式之间的邂逅与碰撞。儿童对这种差异性有不同的反应,抗拒、逃避、融入或者怀疑,但是几乎无人不受其影响(Block & Buckingham 2007, Feilitzen & Carlsson 2002)。

在实证研究中,我们没有理由根据他们一致的媒体使用方式给正在崛起的这代人下定义,就像当前流行话语或者学术话语那样,把儿童分别称为网络一代(Tapscott,1998)、数字一代(Papert, 1996)、网络儿童(Holloway and Valentine,2003)以及拇指部落(Rheingold, 2002)。当前的媒体趋势对儿童的影响是不同的,而儿童对于这些趋势的反应也因其年龄、性别、地区、种族的不同而有所区别,而他们的现在和未来,也将由他们参与和处理这些越来越数字化、商品化和全球化的媒体的能力来决定。这里就有一个重要的问题,即公共图书馆在帮助儿童处理这些难题的时候到底发挥着什么作用。

图书馆输出的变化:新资料,新使用

儿童对于媒体的使用在本质上就是不断变化的,这种变化也影响到公共图书馆在媒体获取趋于饱和的世界里的运行方式。例如,在丹麦,每月至少去公共图书馆一次的儿童数量从 1998 年的 51% 下降到 2004 年的 39%,而每月去公共图书馆少于一次的儿童数量则从 1987 年的 28% 上升到 2004 年的 43%(Bille et al., 2005: 183)。学校图书馆的流通量一直保持在一个稳定的高位:2004 年有 91% 的丹麦儿童每月至少去一次学校图书馆,而这个数字在 1998 年是 93%(Bille et al., 2005: 182),这或许是因为,学校图书馆明显是作为学习过程中的资源而得以运行,而不像公共图书馆是一种个人休闲活动的选择。

公共图书馆是建构于文化获取稀缺性的观念之上的,因此许多图书馆仍在关注于以实体的方式帮助儿童获取印刷资源。当然,这种关注对于存在文化稀缺性问题的国家或者存在获取困难问题的用户群来说是一个至关重要的先决条件。在丹麦和许多其他国家,图书馆需要在吸引儿童的注意力方面和其他文化机构相互竞争,所以在这里,其面临的挑战并不是提供被获取的资源,而是提供多样化的优质资料和多样化的使用方式。

公共图书馆需要进一步拓展其资料的提供范围,从而涵盖印刷品、声音、静态和动态图像等各种呈现形态。实际上,自 2000 年以来,这已经成为丹麦公共图书馆的一种必备条件。今天,丹麦的公共图书馆中借阅书籍的儿童越来越少,他们反而对借阅电影和音乐表现出浓厚兴趣,正如在实体图书馆中,网络游戏是一种热门的休闲活动,尤其是对于 10—13 岁的男孩而言(Drotner, Jørgensen & Nyboe 2006)。伴随着图书馆被定义为复合图书馆(Thorhauge, 2001)、表现性图书馆(Graulund, 2006)以及图书馆作为私人和公共领域之间的第三空间(Oldenburg, 1999)的转变进程,儿童使用实体图书馆和虚拟图书馆的方式日趋多样化。

公共图书馆仍然是儿童自由表达的核心催化剂,但它们的角色正在从保障信息和娱乐的获取,向帮助年轻用户将丰富、但通常是混乱的信息转化为有序的知识上转变,因为后者能够帮助他们进行理解。从娱乐的角度讲,图书馆面临一个重要的挑战是提供给儿童那些他们逛商场或者上网不易遇到的东西。非常重要的是,图书馆需要在不同的表达模式之间制造联结,这种联结是儿童们难以获得的,例如认识到类型之间的相似性或者主题之间的平行关系。这种联结能够帮助年轻的图书馆用户更形象地意识到美感素养和情景意识,因此它们是实现联合国保护文化素质和多样性公约设定目标的重要内容。

与获取相比,提供的重要性越来越高,与其相关的则是质量控制的多样化。图书馆专业人员不再通过对实体图书馆中资源的选择来扮演文化品质看门人的角色。儿童们可以,而且实际上他们从网上订购资料,他们从不同的来源获取简短的信息和有趣的故事;因此,仅存在实体图书馆里的资料是不能为儿童的文化选择提供指导的。文化获取和质量控制在本质上的不断改变,这迫使也允许年轻用户和图书馆专业人员之间建立新的关系。

输入的改变:新的专业技能

就像其他大多数公共服务机构一样,图书馆基于一种可以被称为信息提供者的视角构建它们和公众交流的模式,也就是说,这种视角关注机构在传播上的优先度。面对不止来自于商业性文化提供者的日渐激烈的竞争，许多公共图书馆已经寻求把自己调整至更加贴近用户的视角，增强对不同的用户群及其文化偏好的敏感度。这种观点的转变使许多图书馆打开了视野，尤其是关于领导力的优先度和对于用户更加情境化的理解，但是它也暗示了一种依靠消费者的用户观，也即倾向于依据用户对资料的具体选择来对他们下定义。

如果公共图书馆还想在上述变化的情况下继续作为儿童自由表达的资源，那么，它们最主要的挑战之一就是开发更为全面的对策与用户沟通。这种对策必须对儿童每天的生活，以及他们使用文化的多样性情境更为敏感；它们必须通过一系列文化表达，来证明自己在质量评估方面的能力；而且它们必须能够处理对虚拟图书馆和实体图书馆的不同要求。

能认识到这种对策并非易事。在专业教育方面，我们有一些问题尚待回答，例如关于未来、关于对实体图书馆空间需求的改变，以及关于专业沟通技能等。在丹麦，一份新出版的关于儿童图书馆未来的白皮书对上述问题给出了一些回答，这份白皮书的结论基于对通常意义上的儿童文化，特别是儿童使用图书馆的方式进行的深入分析（Brandt & Poulsen 2008）。作为结论，我想要评论一下有关专业沟通技能需求的变化。这也许与那些在成长过程中要求具有个体差异和学识的儿童进行交流时显得尤为重要。在这种情况下对话的方式已经被证明是有效的，这种方式平衡了年龄和性别差异，并且强调专业洞察力和技能（Drotner, Jørgensen & Nyboe 2006）。向这种对话方式转变的核心催化剂是专业思考的集体空间，也就是对于“实践中的实践”的集体思考。这种思考是和机构的日常工作紧密联系的，但又通过观点的转变，为突破这些日常实践提供空间。

文化作为社会杠杆

本文中提出的问题涉及未来图书馆发展的基本推理,在未来,图书馆是一种为公共福祉提供资源的公共服务方式。如果我们接受上文的论证,这就意味着我们要重新划定传统上所理解的图书馆服务边界,这个转变预示着它不再仅仅是图书和其他印刷媒体的档案库。自然而言,这种转变必须尊重用户、资料、专业组织和法律框架之间的分歧。而且,我们现在仍然需要坚持公共政策原理,因为它构成了转化需求的基础。例如,欧盟(European Union)在几年前把文化定义为公民身份、社区构建和市民参与的核心杠杆(European Commission 2007)。在绝大多数其他文化资源都被定义和开发成为市场化商品的情况下,维持这种观点以促进文化多样性在年轻图书馆用户(同时也是未来的公民)中的推广就显得至关重要了。公共图书馆是公民社会中的基本文化资源,它们可能会利用强大的传统或惯例来服务本地社区。因而,当代各个服务领域的图书馆员都有一个机会,即占据有利位置去实现未来的愿景。

参考资料:

1. Block, Liesbeth de & David Buckingham (eds) (2007) *Global Children, Global Media: Migration*, Media and Childhood Basingstoke: Palgrave.

2. Brandt, Anna Enemark & Ann Poulsen (eds) Fremtidens biblioteksbetjening af børn [Children' sfuture library service] Copenhagen: Danish Library Association. Retrieved September2011 from: www. bs. dk/publikationer/andre/fremtidens/index. htm

3. Castells, Manuel (1996) *The rise of the network society. Vol. 1: The Information age: Economy, society and culture* Oxford: Blackwell.

4. *Convention on the Rights of the Child* (1989). United Nations. Retrieved September 2011 from: http://www2.ohchr.org/english/law/crc.htm

5. Drotner, Kirsten, Heidi Jørgensen & Lotte Nyboe (2006) *Børnebiblioteket som læringsrum: kultur, kommunikationog transformation* [The children's library as space for learning: culture, communication, transformation] Aarhus: Aarhus Public Libraries. RetrievedSeptember 2011 from: http://www.bibliotekogmedier.dk/fileadmin/user_upload/dokumenter/bibliotek/indsatsomraader/boern/Bibliotekstilbud_til_boern/Litteratur_og_links/Boernebiblioteket_som_laeringsrum.pdf

6. Drotner, Kirsten (2005) Media on the Move: PersonalisedMedia and the Transformation of Publicness, pp. 187 – 211 in Sonia Livingstone (ed.) *Audiences and Publics: When Cultural Engagement Matters for the Public Sphere* Bristol: Intellect Books.

7. Drotner, Kirsten (2001) *Medier for fremtiden: børn, unge og det nye medielandskab* [Media For the Future: Children, Young People and the Changing Media Environment] Copenhagen: HøstogSøn.

8. Drotner, Kirsten (2004) Disney Discourses, or Mundane Globalisation, pp. 91 – 115 in Ib Bondebjerg & Peter Golding (eds) *European Culture and the Media* Bristol: IntellectBooks.

9. European Commission. (2007). *Communication from the Commission to the European Parliament, the Council, the European Economic and Social Committee and the Committee of the Regions on a European agenda for culture in a globalizing world.* RetrievedSeptember 2011 from: http://eur-lex.europa.eu/LexUriServ/LexUriServ.do? uri = COM:2007:0242:FIN:EN:PDF.

10. Feilitzen, Cecilia von & Ulla Carlsson (eds) (2002) *Children, Young People and*

Media Globalization Gothenburg: Nordicom.

11. Fox, Susannah (2005) Digital Divisions: *The Pew Internet and American Life Project*. RetrievedSeptember 2011 from: http://www.pewinternet.org

12. Gilje, Øystein (2008) Googling Movies: Digital Media Production and the "Culture of Appropriation", pp. 29 – 48 in Kirsten Drotner, Hans Siggaard-Jensen & Kim ChristianSchrøder (eds) *Informal Learning and Digital Media: Constructions, Contexts, Critique* Cambridge: Cambridge Scholars Publishing.

13. Graulund, Jan (2006) Folkebiblioteket: et rum for dannelse [The public library: room forcharacter formation], pp. 55 – 71 in: L. Emerek et al. *Folkebiblioteketsom forvandlingsrum: perspektiver på folkebiblioteket i kultur- og medielandskabet [The public libraryas a space of transformation: perspectives on the public library in the landscape of cultureand media]* Copenhagen: Danish Library Association.

14. Holloway, Sarah L. & Gill Valentine (2003) Cyberkids: *Children in the Information Age* London: RoutledgeFalmer.

15. Husén, Torsten (1974) *The learning society* London: Methuen.

16. Hutchins, R. M. (1968) *The learning society* Harmondsworth: Penguin.

17. Jenkins, Henry, Katie Clinton, Ravi Purushotma, Alice J. Robinson, & Margaret Weigel, (2006) *Confronting the Challenges of Participatory Culture: Media Education for the 21st Century*. Building the field of digital media and learning. The John D. and CatherineT. MacArthur Foundation. Retrieved September 2011 from: http://digitallearning.macfound.org/atf/cf/%7B7E45C7E0-A3E0-4B89-AC9CE807E1B0AE4E%7D/JENKINS_WHITE_PAPER.PDF

18. Ling, Richard (2004) *The Mobile Connection: The Cell Phone's Impact on Society* SanFransisco: Morgan Kaufmann.

19. Livingstone, Sonia & Moira Bovill (eds) (2001) *Children and their Changing Media Environment: A European Comparative Study* Mahwah, NJ: Lawrence Erl-

baum Associates.

20. Oldenburg, R. (1999) *The great good place: Cafés, coffee shops, bookstores, bars, hairsalons and other hangouts at the heart of a community.* New York: Marlowe.

21. Papert, Seymour (1996) *The Connected Family: Bridging the Digital Generation Gap* Longstreet Press.

22. Perkel, Dan (2008) Copy and Paste Literacy? Literacy Practices in the Production of a MySpace Profile, pp. 203 – 24 in Kirsten Drotner, Hans Siggaard-Jensen & Kim Christian Schrøder (eds) *Informal Learning and Digital Media: Constructions, Contexts, Critique* Cambridge: Cambridge Scholars Publishing.

23. Peter, Jochen, & Patti M. Valkenburg (2006) Adolescents' Internet Use: Testing the 'Disappearing Digital Divide' versus the 'Emerging Differentiation' Approach, *Poetics*, vol. 34, no. 4 – 5: 293 – 305.

24. Ransom, S. (1994) *Towards the learning society* London: Cassell.

25. Rheingold, Howard (2002) *Smart Mobs: The New Social Revolution* Cambridge, MA: Perseus Publishing.

26. Stehr, N. 1994. *Knowledge societies* London: Sage.

27. Tapscott, Don (1998) *Growing Up Digital: The Rise of the Net Generation.* New York: McGraw-Hill.

28. Thorhauge, Jens (2001) Børnekulturen i udvikling: biblioteket og de andre institutioner i opbrud [Development of children's culture: the transformation of the library and other institutions]. In: A. Bülow& M. Hassel (eds), *Børnekulturen i grænselandet mellem amter og kommuner [Children's Culture across the boundaries of counties and citycouncils]* Copenhagen: Children's Cultural Council.

29. Tomlinson, John (1999) *Globalization and Culture* Cambridge: Polity Press.

30. Tyner, Kathleen (1998) *Literacy in a Digital World* Mahwah, NJ: Lawrence Erl-

baum Associates.

31. Warschauer, Mark (2004) *Technology and Social Inclusion*: *Rethinking the Digital Divide*, Cambridge, MA: MIT Press.

32. *Young People in the European Digital Media Landscape*: *A Statistical Overview with an Introductionby Sonia Livingstone and Leslie Haddon* (2009) Gothenburg: NORDICOM.

阿曼马斯喀特儿童图书馆

詹姆斯·凯勒(James R. Keller)
美国费城维提塔图书馆设计工作室

2007 年夏天,约 40 名市民共同提出了在阿曼建设首座面向儿童和家庭的公共图书馆的构想,为实现这一愿景,这些创始人还成立了一个董事会,由莫娜·艾尔·赛义德(Mona Al Said)博士担任董事会荣誉主席,萨米拉·穆萨(Samira Moosa)博士担任主席。

图 1　阿曼掠影,摘自《阿曼影像之旅》,Croese Japp 出版社,2006

董事会在2007年秋天发布了一个愿景声明,并委托费城维提塔(VITTETTE)公司负责可行性研究和随后的建筑设计。

2008年1月,经阿曼文化遗产部部长海萨姆先生批准,董事会获得了一块图书馆建设用地,并获得了来自私人机构的经费支持,特别是阿曼石油公司首席执行官艾哈迈德·艾尔·瓦哈比(Ahmed Al Wahabi)慷慨捐赠了建筑设计费。

目前图书馆资金已经到位,准备待马斯喀特(Muscat)市政当局地方法规修订案颁布后,于2011年9月破土动工。

儿童图书馆位于阿曼首都马斯喀特的马特拉齐市场西面,建筑相对平坦而窄长,呈东西走向。图书馆北面是海洋入海口,其他各面则被富含多样生物的沼泽所围绕。

图2　阿曼马斯喀特儿童图书馆图书馆选址

儿童图书馆的建设计划中还包括一个由马斯喀特的 22 名男孩和女孩组成的焦点小组。这些孩子们具有不同的社会经济背景,还有几个孩子来自当地的孤儿院。

最新调查显示,仅马斯喀特就有超过 19 万名 6 个月至 19 岁的少年和儿童。因此,儿童图书馆的创办愿景之一就是“图书馆将为阿曼所有 18 岁以下儿童提供可免费获取的馆藏资源和服务”。

图 3　阿曼马斯喀特儿童图书馆儿童游乐区,萨米拉·穆斯拍摄

图书馆将成为阿曼儿童和家庭的可去之处，并成为该地区践行可持续性设计和先进图书馆服务理念的典范。图书馆建筑不仅体现阿曼式建筑的精髓、历史和美观，同时也融入能够定义其特征的鲜明元素。

图 4　阿曼马斯喀特儿童图书馆模型，维提塔公司达奇·赫夫设计，TAG 建筑模型公司制作

图书馆通过建筑采用的材质、规模、空间韵律美以及色彩的运用来描绘其在文化、学习以及公众交流等方面的使命。

图 5　阿曼马斯喀特儿童图书馆模型,维提塔公司达奇 · 赫夫设计,
TAG 建筑模型公司制作

富于想象力的内部空间和灯光设计将使这里的儿童服务声名远扬。建筑师通过对彩色玻璃、有质感的材料、表面的纹理以及其他永不过时的建筑元素的综合运用，来营造神秘、探索、舒适和愉悦的氛围。

图 6　阿曼马斯喀特儿童图书馆内部空间模型，维提塔公司达奇·赫夫设计，TAG 建筑模型公司制作

儿童图书馆与儿童博物馆、自然历史博物馆以及未来的儿童剧场毗邻互补，并通过学习花园和小路与这些建筑物相互连接。

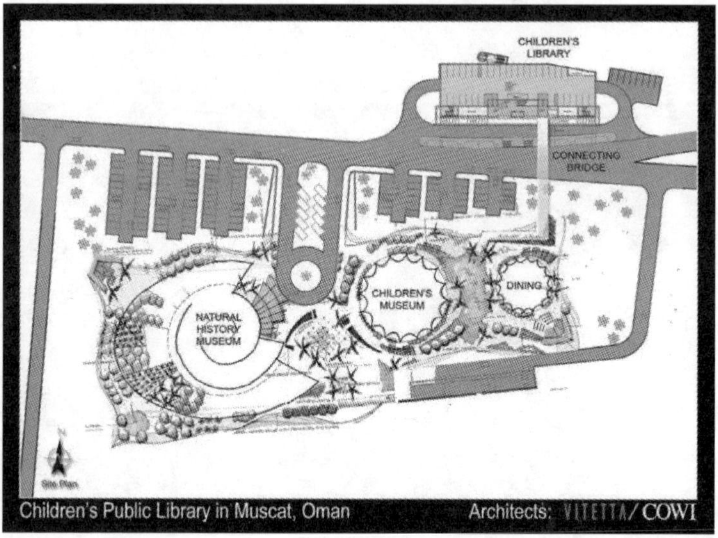

图 7　阿曼马斯喀特儿童图书馆的规划蓝图，作者：维提塔公司蓝图建构师马特·阿恩/美国林业部内布拉斯加州分局

建筑师通过定向景观的设计，以及最大化图书馆与自然环境的交融，使得图书馆与其周围的自然景观融为一体。

图 8　阿曼马斯喀特儿童图书馆与自然环境交融最大化

图书馆的出入口是读者进入、穿行以及离开图书馆建筑这一系列行动的重要部分。图书馆中的指引标识将会非常明确和清晰。

图9　阿曼马斯喀特儿童图书馆入口

穿过大厅,通过一楼的上升阶梯中心入口进入图书馆,中庭大厅装点着彩色玻璃盘,白天可以为室内投下七彩阳光,晚上为室内照明。

图 10　阿曼马斯喀特儿童图书馆中庭大厅模型,维提塔公司达奇·赫夫设计,TAG 建筑模型公司制作

该设计尽可能以非常规的方式来使用建筑形式、规模和材质，以制造更多的兴趣点甚至戏剧性效果。图书馆的二楼北墙向内回缩以制造戏剧性效果，之字形悬臂提醒并邀请位于一楼的低龄和小学儿童读者，告诉他们二楼有令人兴奋的事情在等着他们，十几岁的青少年将在那里找到适合自己的空间。

图 11　阿曼马斯喀特儿童图书馆二楼

图书馆一楼包括西面（规划图左）的低幼儿童亲子区，以及东面（规划图右）的小学学龄儿童活动区。这一层的特点是具有一个阿曼式坐席区，在地板上放置垫子以便进行传统式交谈，此外还有一个被称为“世界之窗”的区域，能够提供世界地理、文化以及艺术馆藏及其在计算机设备上的互动式展示。读者不仅能在这一层的北侧看到楼上情况，还能看到广阔的海景。

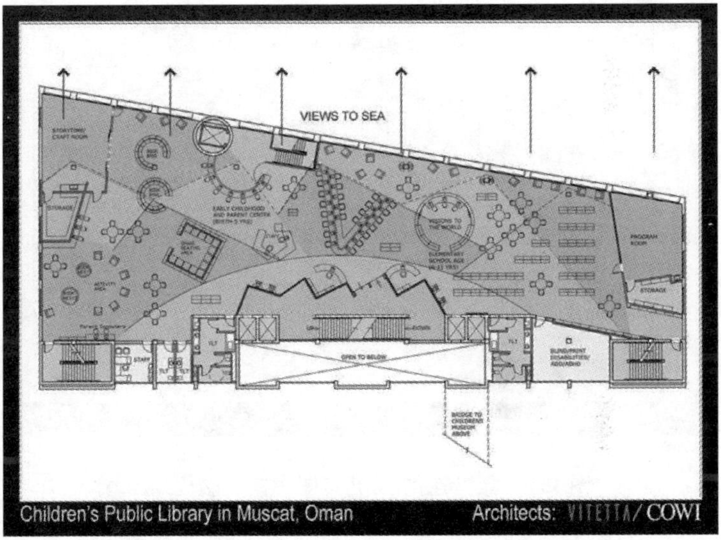

图 12　阿曼马斯喀特儿童图书馆一楼规划图

图书馆二楼包括西面（规划图左）的青少年活动区，和东面的（规划图右）的青年活动区。这一层还包括管理办公室以及一个为视障儿童提供馆藏服务的专门区域。读者可以通过之字形玻璃幕墙俯瞰一楼，并与之共享一片园景和海景。

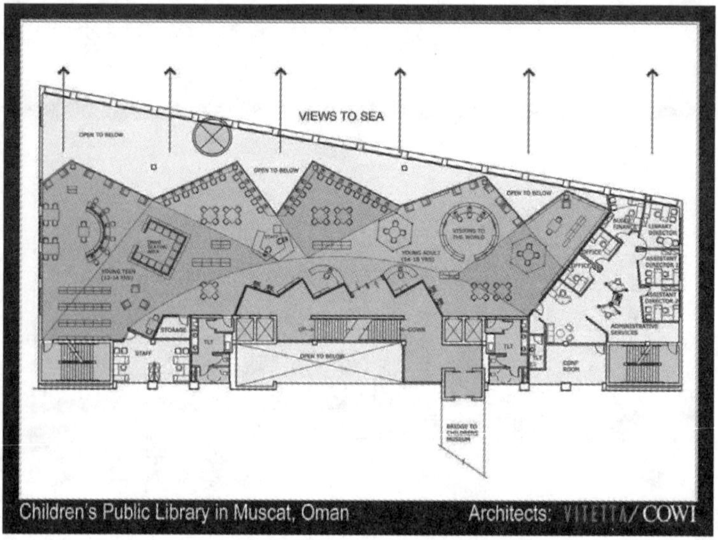

图 13　阿曼马斯喀特儿童图书馆二楼规划图

图书馆三楼包括一个大会议室、一个小会议室、一个计算机培训教室、员工办公室以及展览厅。

图书馆四层(图中未显示)是一个向外出租的露天空间,其租金收入可用于图书馆的正常运营支出。

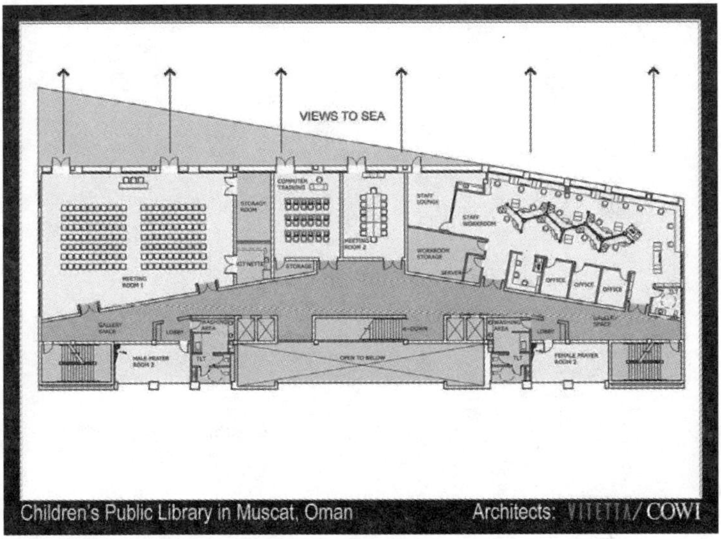

图 14　阿曼马斯喀特儿童图书馆三楼规划图

绿色屋顶平台体现了可持续发展的设计理念,并可为活动专用。

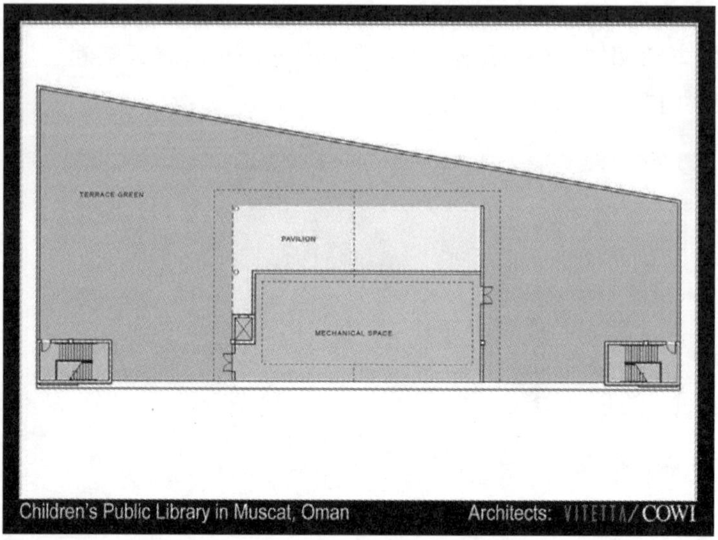

图 15　阿曼马斯喀特儿童图书馆绿色屋顶平台规划图

图书馆的外部光源主要来自于北面，巨大通透的窗户不仅为读者提供充足的光线，也呈现出动人心魄的海岸美景。对窗口的染色处理无论在白天还是夜晚，都能引起形状、空间和色彩的有趣互动。

图 16　阿曼马斯喀特儿童图书馆的窗户不仅提供良好的采光，也可以使人们看到海岸风景，维提塔公司达奇·赫夫设计，TAG 建筑模型公司制作

图书馆将成为一个儿童及其父母都流连忘返的地方,这不仅因其举办的活动、拥有的馆藏以及提供的服务,还因为其营造的空间感。图书馆将激发不同年龄的儿童学习、成长、融入社会,无论在阿曼,还是在全世界。

图 17　阿曼马斯喀特儿童图书馆模型,维提塔公司达奇·赫夫设计,TAG 建筑模型公司制作

图书馆将被建成一片宁静之地、一片活力之地、一片激发创造力和想象力之地。

图 18　阿曼马斯喀特儿童图书馆总貌

与儿童一起建设一流的图书馆

般琪·奥诺(Inci Önal)
土耳其哈西德佩大学文学院信息管理系

导言

即便不考虑教育和人道主义的理念,面向儿童的服务也是图书馆的一种出色投资。成年人图书馆服务主要针对到馆读者,而学校和儿童图书馆则更多将服务延伸至社区。图书馆馆长们也赞同和支持图书馆员将儿童们带到图书馆来。人们一直期待,儿童图书馆员能够与使用儿童图书馆和学校图书馆的孩子们建立关系(Anderson 1987)。绝大多数公共图书馆、学校图书馆和儿童图书馆都提供面向儿童的核心服务。为创设一个切实可行的服务项目,图书馆与儿童之间的协作至关重要。

一流的图书馆服务需要具备以下几个因素——建筑、服务、多样化的馆藏资源、组织结构、分类法体系、对于用户需求的认识、足够的经费预算、技术发展以及文化实践。与儿童一起建造图书馆会证明,一个新的图书馆建造方案将有助于提高图书馆的利用率。许多文章的研究结论把儿童图书馆描述为流行、活跃和繁忙的设施。如果孩子们是图书馆馆长,他们会对如何策划一个一流的图书馆服务项目,或者如何设计学校图书馆或儿童图书馆存在何种看法，事实上我们对此所知甚少。在本文中，孩子们描述了图书馆的许多方面。他们指出了造就高质量的儿童或学校图书馆所需的图书馆管理、图书馆实体和设计上的特征，并间接表明了高质量的图书馆所应该具备的功能。

为儿童建造的图书馆

为儿童设计图书馆是一项复杂的工作。规划者和设计者必须精通儿童图书馆学，以及儿童图书馆的所要具备的功能。他们必须认识到，图书馆服务是为儿童使用学校和儿童图书馆而规划的，并且作为教育、科学、社会、文化、娱乐和信息中心的角色被考量和评价，即便这些功能并不总是能被孩子们很好地使用。

儿童图书馆事业（这个术语包含了学校图书馆和公共图书馆面向儿童（0—18 岁）的所有图书馆服务）一直以来就被视为社区中重要的文化和教育服务。设计儿童图书馆或者学校图书馆需要有一个适当的建筑环境规划和设计，以便适应人们在社会、物质、心理学和行为方面的需求（Jenkins 2000）。事实上，在图书馆设计过程中，很多群体参与其中，包括图书馆员、建筑师、室内设计者、管理者、咨询人员，当然还有用户，即这个案例中的儿童。

网络技术的新发展为图书馆提供了应用更多动态模型的机会。教育技术的进步对于图书馆服务设计中的 4 个变量产生了或促进或阻碍的作用，这 4 个变量分别是：互动性、可扩展性、媒体丰富度以及颗粒度。信息技术和基于网络的计算机技术（它们是 21 世纪图书馆服务的通行标志）为处理这 4 个特征提供了技术支持。

儿童参与一流的图书馆设计

儿童参与图书馆的设计会产生一些潜在的效益，而且孩子们作为图书馆馆长去营造他们想要的学校或儿童图书馆环境也能够引起不少关注。儿童的参与对其来说，是一种预备练习的机会，它能使孩子们与同龄人一起运用其日益增长的社会经验，能提供机会让给孩子们充分利用其“初出茅庐”、大胆想象的思维能力，并且能够疏导他们巨大的情感和身体能量。这不仅让儿童有机会在学习教育过程中使用他们的能量，而且还从一个方面告诉他们参与到社区中意味着什么——无论这个社区是学校，还是公共图书馆（Boone 2002； Campbell and Shlechter 1979；Miller 2002）。除了对孩子有上述益处之外，通过儿童参与来开展一个有活力的项目，对于图书馆和图书馆员也大有裨益。

对于用户来说（尤其是儿童和学生）要想为图书馆更好的发展出谋划策，重要的是理解图书馆的设施如何影响学生和其他使用者。同样重要的还有，规划和项目要满足用户的需求。建筑师和图书馆委员会成员能够研究特定类型建筑技术的效果，分析家具摆放的规划、制订家具、设备移动的规划等，而儿童可以进行思考，如果他们是图书馆馆长，他们会怎样装饰和改变图书馆，来保证其设计满足他们的实际需求。

相关文献综述

关于儿童参与和群体决策这个议题，在众多的学科中可以找到丰富的信息。因为儿童参与的现象是如此复杂，人们从规划学、图书馆学、管理学、建筑学和传播学等多个学科中借用理论基础，核心观点可以被归纳如下：

- 良好的图书馆建筑是使用的决定性条件；
- 最近 10 年中建筑师和图书馆员所撰写的文章反映出，图书馆从“以馆藏为中心”向“以用户为中心”转变；
- 作为一个学习空间，图书馆应具备灵活、简洁、开放、可扩展、多变、有组织、舒适、实用、符合人体工程学、拥有数字设备、色彩敏锐、可控、安全和经济等多种特点；
- 尽管图书馆拥有令人满意的设施，但如果儿童缺乏利用图书馆的积极性，儿童图书馆的利用率也会急剧下降；
- 图书馆建筑有潜力支持社区参与，这为以图书馆为中心的社区活动打开了新局面；
- 图书馆的设计标准要求，儿童能够很容易地访问和使用图书馆，并且养成终生阅读的习惯；
- 通过更高的预算和人员配置，设计一些使图书馆利用率实现最大化的方案，满足不断增长的人口需求；
- 设计工作的最主要参与者是那些对图书馆直接负责的图书馆员；
- 设计实体图书馆的一个常见误区是，图书馆是为专业人员设计的，而不是为用户设计的；
- 不论是否受过正规设计培训，每个人都有责任营造良好的图书馆环境，用户可以为图书馆的设计做出贡献；
- 允许参与者鉴定和确认潜在的解决方案；
- 许多图书馆员都使用任务清单作为图书馆建设项目的主要指南，而且认为这个工具是有用的；
- 图书馆员时常要面对变化着的环境、价值、建议和社会关系。最重要的是，能够从过去总结经验教训，并且在未来改变方法。

让人们参与，尤其是让儿童参与到图书馆规划、建造和设计过程中，得到许多图书馆员、规划者和设计师的高度推崇。大多数关于图书馆建设或者建筑学方面的文献都表达出对这种做法的支持。

一流图书馆的特点

技术的进步，让人们更容易获取文献资源，从而提升了图书馆的儿童服务。对一流图书馆的特点进行预测成为人们颇为流行的追求。它包括许多预测，其中既包括为提升现有建筑质量而开发设施、系统和技术的建议和预期，也包括为创造美观的图书馆建筑和提供高效的图书馆服务而提出的建议和预期。在新设施的规划上，我们可以合理预测现在和未来的需求。在确定需求之后，规划委员会应当探索实现这些需求的方法。而且，我们也可以邀请儿童加入到规划过程中，让他们提供建议或者用图画描绘出他们对于新图书馆的期望。

一流图书馆中影响儿童服务的特点包括：知识利用、社会需求、图书馆运营、技术使用、图书馆的工作准则和工作规程、有效率的工作环境、员工和预算政策、知识自由和审查制、社区公共关系、组织特殊活动、图书馆建设和设施规划，以及图书馆情报科学的理念。上述所有特点都已经影响了儿童图书馆和学校图书馆的组织和运行。在本项研究中，图书馆设施的建设、规划和设计贯穿始终。

研究思路与方法

尽管存在大量论述图书馆建筑的出版物，但其中少有关于儿童参与规划和设计图书馆设施的研究。如果不进行研究，图书馆员只能依靠常识和个人经验来制定规划和管理决策。我们不知道,在当今土耳其儿童图书馆的服务和学校图书馆相比如何;其中关键的因素是什么;儿童为什么使用图书馆;从孩子的视角来看,哪些设计标准对于好的图书馆最重要;以及如果孩子成为图书馆馆长,他们对未来会给出哪些建议。没有这种认识,图书馆员就不能确定设计的图书馆空间是不是儿童想要的;这些空间是否满足了儿童读者的需求和预期;或者,这些图书馆的服务是否满足了其设立的使命。本研究的目的就是为了探索儿童对图书馆设计以及儿童图书馆或学校图书馆服务有关的认知、兴趣以及现实中的实践。本研究致力于解答以下研究问题:

- 土耳其的儿童图书馆服务和学校图书馆相比如何?在新的儿童图书馆或学校图书馆建筑规划中,哪些是关键因素?
- 儿童们为什么使用这些图书馆?
- 建设一流图书馆,哪些设计标准在儿童看来是重要的?
- 如果儿童成为图书馆馆长,他们对于未来的图书馆设计有哪些建议?

这项研究方法用于回答上述问题。最初的计划是采访图书馆工作人员和学校管理者对图书馆儿童服务和设施的看法。但是,研究者后来决定采访儿童。通过随机的方式,我们在土耳其国内选择了阿达纳(Adana)、安卡拉(Ankara)、巴伊布尔特(Bayburt)、乔鲁姆(Corum)、迪亚巴克尔(Diyarbakir)、埃迪尔内(Edirne)、埃尔祖鲁姆(Erzurum)、加济安泰普(Gaziantep)、伊斯坦布尔(Istanbul)、伊兹密尔(Izmir)、卡赫拉曼马拉什(Kahramanmaras)、马尼萨(Manisa)、梅尔辛(Mersin)、萨姆松(Samsun)以及通杰利(Tunceli)等地区进行研究。我们一共选择了 51 家图书馆(包括 14 座公共图书馆的儿童部门、5 座儿童图书馆以及32座学校图书馆)作为研究样本。我们要求来自土耳其不同学校的458名7—11岁的儿童根据他们对于儿童和/或学校图书馆的使用和设计来进行绘画。然后,我们问这些孩子,他们想了什么、画了什么。结果表明,这些孩子们有足够的能力来表达自己,而且对于自己的感觉和需求有着无与伦比的洞察力。本研究和这一领域绝大多其他研究都不同,因为它既从使用学校图书馆的儿童(315名学生)那里获得数据,也从使用儿童图书馆的儿童(143名儿童)那里获得数据,并且研究将被调查儿童的角色假设为图书馆的设计者和馆长,因而,这些数据和这两种类型的图书馆都相关。本研究具有探索性、描述性以及评价性的特征。它侧重于与儿童一起进行研究,而非是对儿童进行的研究。

与儿童一起建设一流的图书馆

1　调查结果:面向儿童的图书馆服务

在土耳其设计儿童图书馆的服务或者规划学校图书馆的项目,有许多重要的因素需要被考虑。表1是对于这些因素的总结。

表1表明,将学习、知识和服务的要素整合起来是有可能的。我们知道,儿童图书馆和学校图书馆通常具有紧密的联系。长久以来,人们一直期待着在图书馆面向儿童的项目和服务中发现由技术和社会因素所产生的创新。为了重新设计流程,并且检验儿童服务机构的空间条件,我们有必要仔细分析当前的状况,并且发现整合的潜力。本文在总体上调研了土耳其公共图书馆和学校图书馆不断发展的传统儿童图书馆服务。

表 1　土耳其的儿童图书馆系统和学校图书馆系统比较表

组成部分	儿童图书馆	学校图书馆
历史	在奥斯曼帝国(Ottoman Empire)时期,土耳其皇帝、政治家以及有钱人通过私人的资助创建儿童图书馆,它们是慈善性、宗教性机构,被称为“宗教基金”(waqfs);其中包括装有图书的漂亮壁橱以及单独为儿童设置的空间	追溯到 1700 年代,分为初级、中级和高级(清真寺学校,宗教学校,宫廷学校);用艺术风格进行装饰
建立	受到始于 1925 年的教育和文化领域改革的影响;从 1981 年开始,《公共图书馆和儿童图书馆条例》(Public and Children's Libraries Bylaw)对此进行了规定	受到始于 1857 年的教育和文化领域改革的影响;从 1959 年开始,《学校图书馆条例》(School Libraries Bylaw)对此进行了规定
管理	由文化和旅游部总理事会主管;与公共图书馆服务中心相联系	由国民教育部主管;受管理单位是独立的,但是彼此之间有纵向和横向的联系
图书馆数量	共有 1096 座公共图书馆有儿童服务部门;有 46 座单独的儿童图书馆	共有 57 837 座学校图书馆,属于不同类型和不同等级的学校
目标	提供以用户为中心的服务	开展高质量的项目和服务
建筑	具有标准的建筑设施;相当黯淡色调的装饰;不具有功能性	所有学校中一些普通的空间或者房间;没有专门的设施

续表

组成部分	儿童图书馆	学校图书馆
家具布置	家具满足人体工程学的要求	达到成功家具布置的设计要求
资金	由文化和旅游部总理事会资助;由私人机构提供赞助	由国民教育部资助;私人机构赞助;国家或国际组织提供捐款
员工	图书馆员、行政管理人员、志愿者	图书馆员、教师和非职业工作人员
馆藏	儿童文献的基本馆藏	基本的研究和娱乐馆藏
媒体类型	印刷品、试听文献、电子资源以及电子环境	印刷品、试听文献、电子资源以及电子环境
用户	2010 年,土耳其约有 7600 万人口,儿童的数量大约是 3000 万。可以收取会员费	2010 年,土耳其约有 7600 万人口,学生的数量大约是 2000 万。免费对全校学生提供服务
服务	信息服务、试听服务、讲故事、休闲阅读、特殊项目中的媒体演示	基于课程的信息服务、家庭作业的帮助、娱乐活动、信息素养课程、阅读开发项目
合作	公共图书馆和媒体中心的合作;联系本地的公共图书馆和图书馆分馆	在具有共同特点的不同教育机构之间分享资源

2 调查结果:进入新设施

土耳其的每所学校都有一座学校图书馆,而每一座公共图书馆也都有面向儿童的图书馆服务。服务、资源、地理位置和设备是这些图书馆的优势所在。土耳其的学校和儿童图书馆服务更加贴近用户。

在儿童的帮助下,我们可以提供更好的儿童服务。本研究试图借鉴儿童的新体验和既有体验来确定和描绘一个理想的学习环境,以此来提供一个设计指南。

表2列出了孩子们为儿童服务管理所提出的有趣建议。在学校和儿童图书馆的设计过程中,儿童的建议是我们考虑各项问题的重要出发点。根据孩子们的建议,图书馆的设计和布置必须适应于各种不同的服务(参见表2)。

表2 儿童对于图书馆使用和图书馆重点服务项目的回答情况

评价领域	儿童图书馆用户(%)	学校图书馆用户(%)
图书馆的使用:		
• 非常有帮助	27	19
• 有时候有帮助	43	38
• 很少有帮助	22	32
• 没有帮助	8	11
最重要的图书馆服务:*		
• 连接人与信息	71	88
• 电脑和互联网获取	68	80
• 馆藏资源	65	77
• 实体空间	47	78
• 社会与文化活动	35	67
• 参考咨询服务	36	55
• 儿童服务和资源	33	51

续表

评价领域	儿童图书馆用户(%)	学校图书馆用户(%)
• 其他	25	48
总样本数:	100(样本量=315)	100(样本量=143)

备注:带星号的条目可多选

3 调查结果:鉴定新的图书馆

理想的图书馆设计是把许多相关的功能有效地结合起来。从儿童视角设计出的图书馆建筑包含大量的选择和服务,并且适应于许多不同的需求,其中包括:

3.1 图书馆建筑

图书馆及其环境应为大量的社会、文化以及学习活动而设计。它们一直都在支持着学习、满足、幸福和效率。儿童服务最有效率的核心地点是学校和公共图书馆。

3.2 学习区

图书馆内外拥有亲密而友好的环境，配备移动书架和桌椅等设备。

3.3 设有配备专业人员的集中式参考咨询桌，对所有核心区域进行监控和提供服务

参考咨询桌应该体现图书馆的多种功能，比如研究、计算机、浏览、集体活动、自学以及各种儿童服务。

3.4 24小时学习区

这些区域应当适合长时间使用，应当舒适、容易管理、冷热适度、而且光线充足。通常安静的区域对于学习和研究也很重要。电脑和图书分布于图书馆各个角落——在入口处、书架上、阅读区附近以及各个用户服务点。

3.5 没有围墙的虚拟空间

在书架间设置符合人体工程力学的电子工作区，安装立式电子触屏、嵌入式终端、无线移动笔记本电脑以及一系列其他电脑产品。

3.6 舒适的休息区

设置专门提供茶水、果汁和牛奶的服务区，以便读者进行随意聚会，开展读书交流等。在图书馆开放时间，其他众多功能各异的图书馆实体空间也同时开放。

3.7 无设备的多功能区

开放式空间对于一个图书馆设施来说至关重要，但还是有必要避免设计任何鼓励孩子们奔跑、跳跃或攀爬的设施。家具的规划应当充分考虑其构成、形状和颜色以及与使用相关的因素，还要考虑其耐用性和灵活性。

3.8　21 世纪的图书馆设计

舒适的场所、学习和交流的空间、青年人友好交往的区域、技术服务点、墙上的挂饰和海报、畅销书、DVD、可下载的有声读物、对于日常生活问题的解答，以及新颖的环境等都是 21 世纪图书馆中广受欢迎的元素。

孩子们确认了哪些标准在他们看来对于设计出一流图书馆比较重要。如表 3 所示,这些标准和功能比起前文提到的服务和物理特征更为普通。这一调查允许多选。

表 3　一流图书馆的设计标准

评价领域	儿童图书馆用户(%)	学校图书馆用户(%)
一流图书馆的设计标准:*		
图书馆中心建筑	71	83
友好的学习区域	66	74
儿童对于信息的获取	65	70
24 小时学习区	44	62
没有围墙的虚拟空间	38	57
舒适的休息区	31	55
无设备的多功能区	28	42
21 世纪的图书馆设计	26	30
总样本数:	100(样本量 =315)	100(样本量 =143)

备注:带星号的条目是多选题

4　调查结果:如果我是图书馆馆长……

从设计者的角度出发,让儿童和学生站在图书馆馆长立场上提供建议是有趣的,但是他们的想法和建议有时候可能不太现实,因为有些设计特征虽然在图书馆服务周期的早期是有效的,但在后来被证明是过于乐观主义的做法。调查结果如下:

4.1　当图书馆馆长

孩子们有兴趣成为图书馆馆长,并为其他儿童提供有吸引力的图书馆环境。

4.2 建设图书馆

设计一座图书馆会影响人们的行为。建造图书馆并设计其空间能够支持人们的满意度、乐趣和效率。

为了制定方案，使得图书馆发挥最大效用，儿童需要专注服务于他们的图书馆员。当被问及如果他们是图书馆馆长，他们会设计怎样的图书馆时，孩子们指出了许多当下和未来的图书馆员必备的特质和技能。参见表4对于这些回答的总结。

表4　儿童作为图书馆馆长的规划行动情况

评价领域	儿童图书馆用户（%）	学校图书馆用户（%）
理想的图书馆馆长的特质和特点：		
漂亮或帅气、温和、耐心、微笑	93	91
选择资料	76	84
想要和孩子们在一起	65	77
设计空间	66	72
教人们使用电脑和互联网	33	67
带来一些新变化	25	61
面向儿童的服务和资源	23	55
为孩子们阅读童话	21	47
其他	19	37
总样本数：	100（样本量＝315）	100（样本量＝143）

备注：带星号的条目是多选题

调查结果

儿童的参与被用作是规划、建设、设计以及管理图书馆的一种策略。如果儿童成为图书馆馆长，并且参与实际的项目规划和设计，他们就能够培养出一种社会责任感，并且学会什么是真正的参与。本研究的目的是获知儿童的体验、想法以及影响他们的因素。在利用自己的概念和词汇表达其想法的过程中，儿童们也描述了他们心目中理想的图书馆。为了满足这些当下的期待，孩子们的看法不应被看作是一种孤立的行为(参见表5)。

表5　图书馆建筑的特征及人们对一流图书馆建筑的期待

(以儿童图书馆和学校图书馆系统为例)

图书馆建筑和设计的特征	对于一流的图书馆建筑和设计的期待
单独规划	合作规划
小型图书馆	新图书馆建筑规模超过旧图书馆
公用电脑	电子设备、无线网络覆盖率、高科技的学习、娱乐设备、数字媒体中心等重要性逐渐增加
图书馆分享空间用于非图书馆的功能	图书馆新空间只用于实现图书馆功能
最小的窗户	许多窗户、照明设备、通风设备、多层设施、暖气、恒温空调、有计划的装饰、洗手间、室内空气质量
特殊阅读区域、人员往来通道	集体学习室和合作学习室的数量、安静的空间、允许大声说话和交谈的空间、人员往来通道、工作人员专区、展览区、游戏区、工艺美术区
装饰区	明亮的色彩，卡通人物的墙壁挂饰和海报，与儿童有关的公告栏，展柜，美观且设计精良的区域。
传统的书架和学习室	密集书架，开放书架，以及自动存储和检索系统，安全与保障

续表

图书馆建筑和设计的特征	对于一流的图书馆建筑和设计的期待
一般用途的座位	更加舒适、易用、充足、灵活、柔软的图书馆座椅,通常包括沙发、睡椅等供社交使用;以及其他类型的座椅(如电脑桌的座椅)

一方面,这些研究结果显示了图书馆的基本特征。另一方面,它们既反映了当前的图书馆服务,也体现了人们对未来图书馆服务的期望。儿童可识别出新建馆舍内图书馆设施和非图书馆设施的特征,所涉范围从软座区域到儿童会议室。孩子们越来越希望图书馆成为社会教育和文化活动的场所。图书馆,尤其是在儿童图书馆和学校图书馆,正在千方百计地增加桌椅和游戏空间,来不断拓展用户活动空间。我们希望具有多功能空间的新图书馆会越来越多地以儿童活动为中心来进行设计。

从方法论的角度来看,我们现在迫切需要基于实证研究的设计指南,这种实证研究尤其是要调查研究长时间范围内用户对图书馆的期望。我们希望,通过把儿童的建议付诸实践,图书馆能够根据儿童的体验开展服务,从而应对当前这个不断变化的世界。我们应当鼓励儿童图书馆和学校图书馆的图书馆员尽可能参与设计和服务规划。

结论

儿童图书馆与(或)学校图书馆是一种有形的象征符号,践行社区对所有用户提供信息、教育、娱乐以及文化服务的承诺。如果儿童成为图书馆馆长，并且参与到实地的规划和设计项目中，他们将会培养出一种社会责任感，并且学到参与的意义。

能够有效满足用户各种不同兴趣和品味的图书馆建筑往往很难设计。图书馆既应当提供传统和新颖的设施，还应该了解并且重视儿童对于构建和设计图书馆的期待。在新建筑规划过程中，学生们日益增长的需求和不断发展的信息技术将是我们面临的关键因素。对本研究有所贡献的图书馆应当把孩子们的期待融入图书馆的设计中。

本研究为图书馆的规划者和实践者提供信息，帮助他们理解应当如何设计图书馆建筑，更重要的是，人们如何使用图书馆。在本研究中来自图书馆的数据显示，新的空间属性和功能是如何为儿童图书馆和学校图书馆的使命增加价值的。因此，图书馆的地位和作用将会超出固有的范畴，并且根据孩子们眼中重要的使用方式，将扮演更加活跃的角色。

随着儿童图书馆和学校图书馆规划中所要考虑因素的变化，以及用户对于图书馆实体空间的使用更加多样化，图书馆作为儿童服务提供者的角色得到进一步加强和扩展。本研究还给图书馆规划者、管理者以及实践者提供关于规划因素、图书馆使用、空间特征以及其他设计元素的数据，以支持他们进行新图书馆建设的决策，或者支持他们对于现有空间使用情况的评估。尽管信息革命将会继续改变图书馆提供传统资源和服务的方式，但很显然，这个项目充分吸收和考虑用户的建议，因而将确保图书馆在满足儿童期望方面取得更大成功。

参考资料：

1. Anderson, Dorothy J. 1987. From idealism to realism: Library directors and library services. *Library Trends* 35(3): 393 – 412.

2. Banduric, Pamela T. 1993. *Environmental design and the promotion of reading in the children's public library*. (A thesis for the degree of Master of Arts, Michigan State University).

3. Boone, M. D. 2002. "Library design – the architect's view". *Library Hi Tech* 20 (3): 388 – 392.

4. Campbell, D. E. and Shlechter, T. M. 1979. "Library design influences on user behaviour and satisfaction". *Library Quarterly* 49 (1): 26 – 41.

5. Cooper, M. and Matthews, A. 2000. *Color smart: How to use color to enhance your businessand personal life*. New York, NY: Pocket Books.

6. Edwards, H. 1990. *University library building planning*. Metuchen, NJ: The ScarecrowPress.

7. Foote, Steven M. 2004. "*Changes in library design: An architect's perspective*". Portal: Libraries and the Academy 4 (1): 41 – 59.

8. Goulding, Anne. 2009. "*The rise, fall and rise of the British public library building*." 2008. In 17th annual BOBCATSSS symposium (Bobcatsss 2009), Porto (Portugal), 28 – 30. January 2009. URL: http://eprints. rclis. org/handle/10760/12939? mode = full [viewed September2011].

9. IFLA. Libraries for Children and Young Adults Section. 2003. Guidelines for Children's Libraries Services. URL: http://www. ifla. org/VII/s10/pubs/ChildrensGuidelines. pdf[viewed September 2011].

10. Jenkins, Christine A. 2000. The history of youth services librarianship: A review of the research literature. *Libraries and Culture* 35 (1): 103 – 140.

11. Koontz, Christie M. 2007. "A history of location of U. S. public libraries within community place and space: evolving implications for the library's mission of equitable service". *Public Library Quarterly* 26 (1 / 2): 75 – 100.

12. Miller, W. 2002. "The library as a place. Tradition and evolution". *Library Issues*

22 (3):1 -4.

13. Önal, H. Inci. 2009. "IFLA / UNESCO School Library Manifesto for creating one world:Germany, Iran and Turkey in comparative perspective". *Libri* 59 (1): 45 - 54.

14. Önal, H. Inci. 2006. "Türkiye'de Basımcılık ve Yayıncılğın Bilgi Hizmetlerine Etkisi:Tarihsel Araştırma [The effect of printing and publishing on information services inTurkey: A historical survey]. Bilgi Dünyasi [Information World] 2006 7 (1): 1 -22.

15. Önal, H. Inci. 2005. "New developments on the Turkish school library scene". *Journal of Librarianship and Information Science* 37 (3): 141 -152.

16. Önal, H. Inci. 1995. "School library development in Turkey". *Turk Kutuphaneciligi* 9(3):255 -257.

17. Rohlf, Robert H. 1986. "Library design: what not to do". *American Libraries* 17 (Issue no if pos rather than monthFebruary): 100 -104.

18. Sannwald, W. W. 2007. "Designing libraries for customers". *Library Administration and Management* 21 (3): 131 -138.

19. Sannwald, W. W. 1997. *Checklist of library building design consideration*. Chicago:American Library Association.

20. Turkiye Cumhuriyeti Kültür Bakanlığı. 1981. Halk kütüphaneleri görev ve çalışma yönetmeli-ği[Public libraries bylaw]. T.C. *Resmi Gazete* 21.9.1981. Sayi: 17465.

21. Turkiye Cumhuriyeti Maarif Vekaleti. 1959. *Okul kutuphaneleri yönetmeligi*[School librariesbylaw]. Ankara: Maarif Basimevi.

22. Turkiye Cumhuriyeti Milli Egitim Bakanligi. 2009. 2010 *Yili butce raporu*[Budget reportfor the year 2009]. Ankara:Devlet Kitaplari Mudurlugu Basimevi.

23. Turkiye Cumhuriyeti Milli Egitim Bakanligi. 2006. *Okul kutuphaneleri standart yönerges*[Standards for school libraries] URL: http://yayim. meb. gov. tr/y%

F6netmelik. doc [viewedSeptember 2011].

24. Turkiye Cumhuriyeti Milli Egitim Bakanligi. 2001. Okul kutuphaneleri yönetmeligi [Schoollibraries bylaw]. *Resmi Gazete*, No. 24501.

25. Turkiye Cumhuriyeti Milli Egitim Bakanligi. 1976. Okul Kutuphaneleri Yönetmeligi [Schoollibraries bylaw]. *Resmi Gazete*, No. 15689.

杰克逊维尔公共图书馆中的少年儿童图书馆

亚历山大·拉米斯(Alexander Lamis)
罗伯特·斯特恩设计公司,美国纽约

芭芭拉·顾缤(Barbara A. B. Gubbin)
杰克逊维尔公共图书馆,美国佛罗里达

建筑目的

在信息日益数字化的世界中,实体图书馆建筑发挥着怎样的作用?这些建筑究竟能够为其所在的社区带来怎样的价值,从而证明建造和维护这些建筑的花费是有意义的?如何通过设计本身,使儿童图书馆和青少年图书馆不仅成为学习的场所,同时也成为当地的地标性建筑?当我们为佛罗里达州的杰克逊维尔设计一个新的大型中央图书馆时,上述问题一直是我们考虑的重点。

杰克逊维尔是美国第十三大城市①,坐落于佛罗里达州东北角的亚热带平原上。距最古老的欧洲永久殖民地——圣奥古斯丁大约40

① 按人口计算(美国人口调查局,2008年)。

公里，这块殖民地的建立要比知名度更高的詹姆斯敦和普利茅斯殖民地早半个多世纪。杰克逊维尔作为铁路主干线的终点站，兴起于内战之后，是一个早期的冬季度假胜地，并成为一个主要的纸浆和造纸工业中心。其坐落在宽阔、感潮的圣约翰河沿岸，这一优越的地理位置也使杰克逊维尔成为一个重要的美国海军基地的理想选地。

2005 年，杰克逊维尔在其市中心的荷名广场建成了面积为 30 000 平方米的新的中央图书馆。作为一项颇有远见的公共建设计划——"优化杰克逊维尔计划"（Better Jacksonville Plan，该计划还呼吁建设新的法院大楼、体育场馆、公园、道路）的一部分，新的图书馆取代了建造于 20 世纪 60 年代，已经不再能够满足这座阳光地带城市发展需求的旧图书馆。工程总造价约为 1 亿美元，这充分表明该市的领导者对于 21 世纪教育和图书馆系统发展和进步的重大承诺。这也是美国在过去十年中最大的图书馆扩建工程之一。除中央图书馆之外，许多图书馆分馆也作为"优化杰克逊维尔计划"的一部分在全市范围内得以建立和改造。

该地区的拥有丰富的动植物景观，其种类覆盖海里遨游的海牛、蓝蟹、鳄鱼，夜空中翱翔的猫头鹰，还有一片又一片松树和棕榈的混和林。然而城市的扩张和对汽车的过度依赖，正在日益剥夺孩子们接触和拥抱大自然的机会。于是，与当地的自然景观相协调，并充分展示这些自然景观的魅力，成为新的儿童图书馆室内设计的最初动力。

同样的主题设计方法也被应用到青少年图书馆。它以一个动态的流线型天花板来重新诠释海边的波浪，以一个让你心无旁骛的"静锥区"（cones of silence）和一些类似于太空时代的家具，让身临其境的人仿佛进入未来空间，会产生无限的遐想。

建筑设计

该图书馆的设计方案是通过国际竞标产生的，建筑师罗伯特. A. M. 斯坦恩的作品从最后的 4 件决赛作品中脱颖而出。这次国际竞标为期 4 个月，在一个专业的竞标顾问团的指导下，期间多次召开与利益相关方的工作会议，参与者包括图书馆管理者和工作人员、图书馆管理委员会以及政府管理人员等。通过这些工作会议，图书馆工作人员的意见尤其是那些涉及儿童和青少年服务需求的意见，在建设计划中被充分的考虑。

当竞标完成，设计团队确定之后，就开始与图书馆的管理者和工作人员研究儿童和青少年图书馆的建设细节。在这方面，原有建筑所能提供的服务远远不足。如何为儿童和青少年提供高质量的图书馆服务，是摆在市长和他的政府面前的头等大事。

包含儿童和青少年空间的图书馆设计的目的，是创造一个能够反映杰克逊维尔的多样性，并得到社区广泛欢迎的温馨环境。因此，图书馆并没有进行统一风格的审美设计，而是通过一系列独特的空间来满足不同群体的需求，包括退休人士、儿童家长、工人、学生、研究人员等。当然，图书馆里也会有一个共同的场所，适合整个社区的成员共同使用。

这个五层的图书馆大楼是围绕中心楼梯和中庭空间来设计的，在它的外围是一个安全开阔的庭院。不同的部门被合理地安排在这些中心区域，比较活跃、喧闹的空间被安排在靠近大门的位置，而那些需要保持安静的场所则被安排在较高的楼层。

儿童图书馆

图书馆专门为12岁以下的儿童开辟1800平方米的空间。由于这是一个比较宽泛的年龄段,所以需要把整个空间划分为适于不同年龄组的活动区。但是,整个儿童图书馆的设计在总体上保持了主题的一致性。

图1 “穿越草地”式入口

在图书馆设计之初，大家就一致认为，鉴于孩子们都在传媒发达的环境中成长，为了吸引大多数的儿童，图书馆空间的设计应具有主题性——应该讲一些形象具体而且容易被他们理解的故事。设计师们通过几个不同的叙事空间进行这方面的探索，包括“水世界”“穿越森林”“梦幻空间”等。一系列的讲述展现杰克逊维尔地区的森林和水等特殊地理和自然历史。杰克逊维尔位于大西洋沿岸的亚热带低地，拥有茂密的植被，而且是各类鸟兽虫鱼之乡。虽然人们对这些美丽的自然景观进行保护的呼声很高，但是迅速增长的人口和快速发展的重工业还是给这个环境造成很大的压力。所以，儿童图书馆竭力展示该地区的自然美景。

孩子们进入 2 米高的雕塑中，演示通过长满高草的沼泽地和内河航道的情形，他们可以把自己想象成穿过草地的小动物或爬行虫，而灯光和环绕四周的自然界声音则加强了这种模拟的效果。图书馆内的地板和墙壁的颜色反射并烘托出斑驳的绿蓝色调的环境。另外，主区域和附属创意实验室之间的圆形“舷窗”为孩子们制造了置身水下的感觉。

罗伯特. A. M. 斯坦恩的建筑师团队和当地的制造商沙利公司，按照当地的植物和动物的形状设计和定制家具：图书馆内设有像鳄鱼、海牛和船只形状的大圆板凳，像叶子、海龟和蜗牛形状的椅子，还有看上去像蘑菇的桌子。

在一个封闭的剧场，老师通过门廊上的幕布为孩子们上故事课。当孩子们进入剧场，可以看见郁郁葱葱的植物雕塑，仿佛置身户外。随着灯光变暗，夜幕降临，昆虫和青蛙们的合唱在耳边响起。这时候，一个会说话的电子动物或猫头鹰机器人走了出来，欢迎孩子们，并开始为他们讲故事。

图 2　儿童故事和游戏区域的鳄鱼沙发

儿童图书馆广泛地使用电脑等先进设备，工作人员根据不同的年龄段为孩子们选择合适的电脑程序。在这种情况下，传统的图书馆服务尤其是书籍的作用不但没有削弱，反而由于电子科技的应用得到加强。儿童图书馆的这些设计，既适应新科技的发展，也为迎接未来的机遇和挑战做好了准备。

青少年图书馆

青少年图书馆营造了一种类似一个很酷的俱乐部会所的环境：既不同于家里，又有别于学校；它将吸引所有出了名爱挑剔的美国青少年。

青少年图书馆位于这座五层高楼的底层，离大门很近，目的就是为了便于最快地接触到所有流行的元素，这样也将更容易吸引青少年。流行元素区有一个在色彩和设计上都充满了青春气息的书店，那里配置休闲座椅、音乐体验站、投下网格的射灯,还有可移动的图书和资料箱,以及一系列年轻化的颜色和设计。

图3 包括各种音乐、图书和杂志的流行资料区

像儿童图书馆一样,青少年图书馆也设置了一系列主题,如“生命是一个海滩”、以流行艺术和20世纪60年代的图景为内容的“流行与恐怖”、来自对开放道路和信息高速公路的美国式痴迷的“上路吧”。通过这些元素的混合和搭配,使得这个青少年的空间显得非常时尚。青少年图书馆通过图书馆右边一个有顶的入口与图书馆的其余部分进行了明显的区分,这表现出它独特的个性。显然,波浪形的天花板赋予这个空间动态的美感和鲜艳的色彩。这里有一个超大型的区域,放置了一把长沙发椅、若干小沙发和椅子,可以供十几个青少年同时在此闲谈。视频显示器遍布在整个区域,为了控制和减少不必要的噪

音干扰，显示器的声音通过半球形的“静锥区”传送至个人用户。值班的服务台设置在显要的位置，这样一来，图书馆管理员可以监控整个空间内的所有活动，并且为青少年用户提供服务，回答他们的问题，协助解决技术问题，并主动帮助其完成家庭作业。另外，图书馆设置了由咖啡厅式座椅、杂志架、计算机工作站构成的非正式座位区域，以及更私密、更安静的学习区域。查尔斯·埃姆斯(Charles Eames)等人从20世纪60年代的图书馆中抢救回的经典现代家具，被重新用在青少年图书馆。

如今，公共图书馆面临着日益复杂的挑战，因为我们已经处于一个全新并且不断快速演变的媒体出版物时代。图书馆的建造和室内设计在迎接这一挑战的过程中发挥了重要的作用，它通过促进图书馆资源的利用，帮助读者尽情地享用各种新媒体和传统媒体，从而使图书馆成为全社会所有成员喜爱的场所。罗伯特. A. M. 斯坦恩的建筑师团队精心设计杰克逊维尔公共图书馆的儿童和青少年服务空间，目的是使图书馆成为一个学习、协作、表达和创造的绝佳场所，从而吸引人们成为图书馆的常客。

开馆后……

2005年11月，新图书馆开馆立刻引起强烈反响，13 000多人参加开馆仪式。新图书馆开馆前一年，儿童和青少年的图书资料流通量为61 878件(items)；而到2009年，流通量已上升到411 464件。在开馆前，专门针对青少年的培训项目非常少，每年仅为57个，而如今这些项目每年已达376个。儿童参与项目的人数也超过了5000人，增幅高达177%。

新图书馆的选址并不是推动其使用率显著增长的主要因素，因为新馆与老馆距离并不远，只隔3个街区，透过窗户还能看见彼此。这是一个位于市中心的商业区，附近住宅很少，也没有学校，尽管商家和政府一直在致力于吸引更多的游客，但这些街区在晚上和周末往往都不营业。虽然有这么多的不利因素，但新图书馆还是取得了巨大的成功。一句多次被重复的格言——“栽好梧桐树，引得凤来栖”(Build it and they will come)，在杰克逊维尔再一次被印证。人们对图书馆的设计、所展现的温馨与活力，以及它所提供的项目和服务，都给予了积极的评价。网上客户调查显示，杰克逊维尔的居民经常把这个设计经典、气势恢宏、占地30 000平方米的图书馆隆重地介绍给来访的客人。这里毕竟是佛罗里达州，人们津津乐道的“阳光之州”，宽敞的会议中心、开放式的庭院，都使图书馆成为举行会议、酒会、派对和婚礼的好去处。这里还有图书馆之友经营的书店和咖啡厅，有为青少年和儿童精心设计和供他们独享的空间。这里的每一个场所都能满足特定群体的需要，吸引着所有杰克逊维尔人频频光顾。于是，图书馆成为了一个令所有人向往的地方。

青少年图书馆：如何运作

正如亚历山大·拉米斯(Alexander Lamis)所说，青少年图书馆设计成了一个“时尚会所”，而且不会随着时间而改变。亮丽的色彩、波浪形的天花板、大沙发、舒适的家具，这些设计都使这个室内空间显得很时尚而不易过时。这样的设计风格在整个图书馆中是独一无二的，成为属于青少年独享的空间，因此吸引大量的年轻人。这个位置是经过精心挑选的，既接近于流行元素区，又远离楼上的儿童图书馆，而且设置专用的玻璃门出入口。这是整个图书馆中仅有的一个专用出入通道,这也是这个区域第二个突出特点。玻璃门的隔断既强调这个空间天然的独特感,又有利于噪音的控制和管理。

图 4　青少年服务区域,设置了供读者随意交流互动的座位

我们的青少年用户非常喜欢这个具有环绕声和电视屏幕的立体音响系统。这里配置 13 台电脑,目前看来这个数量已经能够满足需求。青少年用户也可以带自己的笔记本电脑来此使用,整个图书馆内都已经开通无线上网服务。当资金允许的情况下,我们将考虑在这个区域增加一些笔记本电脑的配置,为那些没有自己笔记本电脑,而又想要登录"脸书""聚友网"以及其他网页的青少年用户使用。

图书馆的工作人员对青少年馆的设计给予高度评价,因为他们只要在自己的办公桌前,就能对整个馆里的空间实现不留死角的监控。我们要求所有的读者按照张贴的行为守则来开展活动,不允许不良行为的发生。工作人员佩戴着无线电话,可即时与读者保持沟通,必要时也可以拨打电话呼叫安保人员。通过这种方式,青少年图书馆被独立于主要交通要道之外,作为一个封闭的区域而存在,从而确保安全和秩序。

青少年图书馆设置两个学习室。最初,我们有一个方案,在其中一个学习室内安放提供点心和饮料的机器使之成为一个咖啡厅,但是其并没有被实施。虽然我们允许饮料进入青少年图书馆,而且也在图书馆的大堂设置咖啡厅,但是工作人员普遍认为我们不安装食品机的决定是正确的。这两个房间常常被用作会议室,而且一般都比较安静。这样的安排也得到青少年用户的肯定。在图书馆里,我们允许使用手机,因为毕竟年轻人比较多所以一般认为青少年图书馆往往会很喧闹,然而,我们发现,大多数青少年对此都很自觉,基本上不需要工作人员出面干预。

常规书架为用户提供复印资料、杂志和媒体出版物等。我们也有一个大的连环画和漫画集传阅区。这个区域安排专职的工作人员,包括两个专业的图书馆管理员(其中一人是负责人)、两个辅助人员和一个办事员。员工的工作间紧挨着青少年图书馆的管理员办公席,这里为每个工作人员提供办公空间。另外,旁边还有一个更大的共享工作空间,以便于处理一些需要利用大桌子来摊开材料的工作项目。

青少年的空间:我们学到了什么?

可移动性和灵活性。我们拥有大约400平方米的空间,足够给青少年提供一种他们所喜欢的亲切感。任何大型的青少年活动,例如乐队的年度之战,都在我们的会议中心举行,因为这里有足够空间的会议室，而且有一个拥有400个舒适座位的礼堂。然而，青少年空间必须是灵活的，能用于举行各种各样的活动：供团体和个人使用的电脑上机服务、听音乐、阅读、下棋、手工制作、绘画、写作、看电影、聊天、玩电子游戏、做功课，或者参与我们设置的电子教学节目，如讲授信息文化技能的“比萨和资源的追求”课程等。如果有机会对这个空间进行重新配置的话，我们会尽可能地使其更加灵活可变，就像装上轮子一样。我们会按照青少年的喜好，让他们的家具变得更“大”，而且容易被移动。你也应该可以预见，青少年喜欢坐在地板上，所以要使空间的设计和家具安排尽量符合他们的需求，这一点非常重要。今天，我们肯定会大幅度缩减工作人员办公桌的尺寸并且使它便于移动，从而增加它的灵活性。在技术和设备上的投入是灵活的，我们绝不把钱投入到那些不经久耐用或者难以修复的技术、设备或家具上。但是在一个重点项目的设计过程中，当我们要使用资金去购买和安置新家具和新设备时，要实现上述观点在理论上容易，实际操作却十分困难。例如我们装置在墙上的广播电台，它们经常出现故障，但是现如今，大多数青少年都拥有iPod或MP3播放器，这些电台真有安装的必要吗？

青少年喜欢表现自我！要超出预期地为青少年提供更多的展示区，越多越好。除了常规的图书、音像、日程表、公告栏之外，我们还要提供更多的服务，因为青少年太活跃，他们喜欢在磁力诗歌板上写诗，喜欢在所有垂直或者水平的平面上作画——他们自我展现的欲望无处不在，无时不有！我们有一个协助项目和活动设计的青少年委员会，其专门在青少年的独享空间设计各种新的、不同的作品展示，以此吸引青少年不时来访。空间的设计应最大限度地利用这种营销的机会。

青少年还需要些什么呢?

我们的青少年和工作人员还想在他们的青少年空间里添加些什么呢？当我问到这个问题时,答案有水族馆、舞池、游戏机、可以让两到三个青少年在一台计算机合作的协作工作区、录音棚等。青少年也想要自助结账机来为他们的资料结账服务,就像在主要流通区服务台和儿童图书馆那样。如果空间设计是灵活的,家具可被移动,更多附加设施可以被安装,否则,在开馆提供服务后,你就很难把自修室变成录音棚,或者通过移动书架来开辟一个简单的舞池。

在旧主馆的青少年服务区,由于缺乏空间,一列单独的书架被放置于走廊上,而在新建的杰克逊维尔公共图书馆,这种状况已经得到很大改观。这种改变,很大程度上得益于以青少年的视角来进行空间的设计和安排。

儿童图书馆:成功是如何铸就的?

对许多读者来说,儿童图书馆是新馆最成功的案例。父母或祖父母带着他们的子女或孙辈从全州各大城镇来到这里参加幼儿班、猫头鹰夫人故事班,双语故事班(包括法文、葡萄牙文和西班牙文)、艺术和手工艺班,以及吉他和创意写作等特殊课程。每周的工作日,很多孩子从日常护理中心或学校来到这里。参加完儿童课程后,儿童和他们的看护者通常在毗邻儿童图书馆的露天庭院吃午餐。由于邻近儿童图书馆的“环境”主题庭院,在一天的不同时间段,为儿童区提供团体活动的空间得到了额外的扩充。

图 5　“水下”活动室内部

这个儿童图书馆比老馆的儿童区大了8倍,而且其设计主题反映了佛罗里达州东北部的环境。蓝色和绿色的“户外”色彩,人性化的家具和低矮的书架,这使得儿童图书馆就像十几岁少年的天地。这显然是为儿童设计的,是属于他们的空间。

各个指定的场所被有效地使用,并允许不同的群体同时进行活动项目。两个艺术和工艺室装有水槽,地板极易清洗,还有许多工作区以及儿童型家具。专用的艺术空间以及在工作人员中配备一位艺术家,这使得活动的开展更富有想象力和创造力。由猫头鹰夫人主持的儿童剧院,被工作人员和表演团体用于为孩子们上故事课。这里的地板上铺有地毯,昏暗灯光营造了一种亲密感,特别有利于开展幼儿班。这里经常也被用来举办歌咏会、课程培训和演出。

儿童图书馆在开放两年后,安装了一个自助结账机,深受孩子和家长的一致好评。它节省了家长排队的时间,免去了他们奔波于图书和楼下流通区的孩子之间的周折,当面对高科技产品时,孩子们无所畏惧,并要求家长允许他们使用,即使那是些最讨厌技术的家长!16台放在儿童型家具上的电脑得到了充分的利用。

我们学到了什么?

儿童图书馆有一个专门为婴儿设计并带有舒适座椅的空间,这使得家长们既可以照看自己的孩子,又能互相交谈。在另一个图书馆,我们设计的“宝宝空间”受到热烈欢迎,工作人员普遍反映,妈妈们因此在图书馆停留更长的时间。

被设计成鳄鱼和海牛的长沙发椅和船型的家庭阅读空间,这些大型设计深受大家喜爱并被有效利用。但是对要在上面玩耍攀爬的小孩子而言，这些家具的表面就略显僵硬了。提供表面较软的家具，这个观念非常有吸引力，但同时也就意味着的工作人员将会减少对孩子们使用家具过程中安全方面的照顾。

当我问员工希望在这个空间改变或填点什么会利于年轻读者更为舒适的体验时，他们的答案包括，更多的儿童艺术和工艺品展示区、为哺乳期母亲提供私密的空间，即使他们注意到那两个儿童洗手间里的儿童式厕具受到读者的赞赏，但他们仍提议为家长和孩子们的设置家庭式洗手间。

这个区域的员工工作台的设置没有青少年区那样成功。这栋大楼的一边，长而不宽，所以，服务台被摆放得比较接近工作区，而远离儿童区的入口，从整个空间布局来看，这是一个问题。我们的办法是安装反光镜，并着手安排员工巡视项目。现在整个主图书馆准备就绪，从儿童图书馆开始，工作人员通过巡视这个区域，为读者提供寻找物品或使用电脑方面的帮助，从而确保孩子们不会走丢，并提供额外的防护。

来自儿童图书馆馆长的最后一个提议是，在儿童区重新设置一个地球仪。在过去四年中，因为孩子们用小手指在地球仪上寻找杰克逊维尔，儿童图书馆里的那个地球仪已被过度使用，以至于现在佛罗里达州已经完全被磨掉！

这个故事结束了……也许这仅仅是个开始

无论在书本中、网络上或是亲自实践，青少年和儿童图书馆都应该是与其他儿童、青少年和家庭成员互动的地方。为青少年服务而设计属于他们空间以增加年轻人的冒险感，每次提供体验不同冒险的机会，这样它将变得更加有趣，就像杰克逊维尔的图书馆那样，吸引成千上万的儿童、青少年和他们的家人到图书馆。

相关链接：

1. The Better Jacksonville Plan：http://www.jaxjazzfest.org/Departments/Better + Jacksonville + Plan/default.htm [viewed September 2011].

2. Jacksonville Public Library：http://jpl.coj.net/ [viewed September 2011].

3. Robert A. M. Stern Architects：http://www.ramsa.com [viewed September 2011].

4. RAMSA Projects：Jacksonville Public Library：http://www.ramsa.com/project.aspx? id = 83 [viewed September 2011].

圣地亚哥公共图书馆:儿童和青少年的挑战

冈萨洛·奥亚尔顺(Gonzalo Oyarzun)
智利公共图书馆系统国家协调员,智利图书馆、档案馆和博物馆董事会成员

引言

在圣地亚哥,儿童和青少年图书馆在规划之初就设定大量目标,根据这些目标,儿童和青少年图书馆应当是:

——儿童和青少年可以去休闲娱乐的公共场所;

——儿童和青少年可以去自由选择、探索和学习的公共空间;

——儿童和青少年可以相互接触、交流情感,尊重彼此差异的亲密场所;

——父母和孩子能够相互交流和彼此熟悉的场所;

——老师和学生能够摆脱学校课程体系的压力和限制,一起体验工作和学习的场所;

——儿童们可以自由活动的多媒体互动区域;

——包含各种图书、新技术、活动、训练有素的专业图书馆员、舒适的设备、先进一流、规模适当的基础设施,以及充足的开放时间,而且总有机会听到一个好故事;

——最重要的是要有真实而难以忘怀的体验。

公共图书馆越来越致力于弱化儿童图书馆的学习气息,代之以更多的欢乐氛围。图书馆在孩子们学习和成长过程中扮演着与学校不同的角色,其目标是以更加综合的方式,鼓励孩子们阅读,进而提高其个人素质。在此过程中,孩子们的积极性主要来源于阅读乐趣,而非阅读理解能力。为此,图书馆需要在空间设计和规划中做出调整,以便使儿童和青少年在图书馆环境中能够体会到家的感觉。因此,图书馆必须适应儿童和青少年的需求。

这些就是构成圣地亚哥公共图书馆儿童空间设计的基本原则。

圣地亚哥公共图书馆

智利有超过400家公共图书馆,以及其他一些图书借阅场所,如"移动书柜""地铁站借书点",还有医院和监狱图书馆等。尽管智利拥有庞大的图书借阅网络,然而却没有足够的馆藏资源和基础设施与之相匹配。智利没有一所典型的公共图书馆能够展示此类公共设施的发展潜力,而这在不少图书馆事业历史悠久、发展较好的国家中却相当普遍。

圣地亚哥图书馆坐落于智利首都,2005年11月11日对公众开放,它为智利的公共图书馆带来革命性理念,并致力于提供创新性的服务方式,包括:更长的开放时间(包括周末);数字化参考咨询服务,视听文献及新型服务;还包括针对儿童、青少年和成年人的馆藏、参考咨询及一般文学类馆藏。除此之外,图书馆设置计算机大厅,对用户开展信息通信技术(ICTs)培训;在每一个服务点设置无障碍通道;分别拥有独立的多功能厅和展览大厅;并制订详尽的计划和方案来鼓励读者阅读,提高读写能力。

图1　圣地亚哥公共图书馆,智利

这座占地22 000平方米的公共图书馆旨在以一个现代、高效的崭新姿态向整个社会提供服务,其职能不同于国家图书馆,而是作为整个国家公共图书馆服务网络的组成部分而发挥作用。起初,圣地亚哥图书馆既作为一项实验性服务项目,同时也是智利其他公共图书馆建立和发展的典范。它为一个拥有600多万居民的地区提供服务,且这些居民的阅读和信息 需求正在与日俱增。

该馆每年有将近100万的访问量,其中儿童和青少年是主要用户群体,占所有用户数量的65%以上。这种现象并非偶然:图书馆附近有着大量的学校和日托中心;同时它位于主要的私人和公共交通线路附近,并靠近分属不同线路的两个地铁站。

设计

为迎接挑战,儿童和青少年图书馆的设计阶段非常紧张,吸纳许多不同领域的专家参与其中。设计工作主要集中在三个方面:建筑、设计和社区。

该图书馆所在的建筑曾经是国家的一个仓库。鉴于其规模可观的大厅和开放的空间,这样一座建筑可能被认为能够提供足够房间,并具有一定的灵活性,但将其改建成图书馆的工作仍受限于其现有格局。大家一致认为,在不断变化的环境中,图书馆的设计应始终关注用户。建筑中的空间布局能否按要求进行调整,灵活性是关键。图书馆的建设着眼于其未来可能的使用而建造的。

这一点尤为重要,特别是当考虑到儿童和青少年图书馆时,变化会影响一切,从材料的使用到当今成年人与年轻人相处的方式。在过去的30年中,很多事物已经发生改变,因此,可以假定在未来的30年中,事物会再次发生变化。当设计一项图书馆服务来满足儿童和青少年人群的需求时,他们现今在国家活动和政策制定中的角色以及他们在学校、家庭甚至整个城市中的参与状况就必须被考虑进来。除此之外,在设计和建造此类设施时,技术在国家教育和文化背景中的发展和转变也必须被考虑进来。

室内设计同样需要考虑灵活性。绘图者和室内设计者需要提出合适的家具、标识牌和颜色。儿童图书馆内的设计必须能使用户很直观地通过主题就能找到所需信息,而无需学会解读数字和字母代码。

圣地亚哥图书馆的大部分用户属于这个城市最贫穷的群体。在他们那狭小而拥挤的房子里,不可能有足够的空间被用来进行舒适的学习或娱乐,因此提供舒适、温馨的空间,成为他们家庭生活的拓展,并让他们获得归属感,这些对圣地亚哥图书馆而言是最重要的事情。

图 2　儿童阅览区

图书馆不应当被各种禁令充斥,要求读者不应当做什么。相反,读者应当被允许交谈、甚至大声讲话,或者在这里吃三明治、喝杯苏打水。为什么不可以呢?有人可能认为这样的行为会弄脏书籍,但如果一个孩子或年轻人在图书馆中不能那么做,那他或她也会借走这本书,然后在家中舒服地躺在床上边吃三明治喝饮料边进行阅读。圣地亚哥公共图书馆的政策与这种限制方式非常不同:它通过鼓励利用来达到教育目的而不是执行禁令。孩子们更愿意待在图书馆,因为这是一个更舒适的场所。教导孩子不要损坏图书并同其他人分享图书,这是馆员的任务。

通过询问当地社区的居民什么类型的儿童和青少年图书馆是他们期待或需要的,图书馆获得一些反馈信息。图书馆在落成的前一年,还通过举办教师、家长和专家共同参与的会议来了解他们对这个图书馆的期待和理解。另外图书馆还对一些儿童和青少年进行访谈,让他们告知或通过图画来展示他们理想中图书馆的样子。许多重要的决定是根据上述行动所获取的信息来确定的。

图3　综合活动区

基于收集到的信息,图书馆员们开始组织和准备新图书馆所要提供的图书、资料和服务。如上文所述,对信息和各种资料的组织主要依据主题而不是根据数字和字母代码来布置,在主题区建成后,任何儿童或者青少年都可以迅速理解整个布局、找到所需资料。这一方式完全不同于目前在智利被广泛采用的杜威十进制分类系统。

儿童和青少年委员会选出最佳书籍，为电脑装上适合多种年龄段用户群体使用的程序，并为儿童和青少年设计具有吸引力的可将家长或教师也吸纳进来活动。

图书馆工作人员的结构也有所变化，具有跨学科背景的团队成为这一工程取得成功的核心因素。不同级别的图书馆员、教师、娱乐家、表演家、故事讲解员、素描艺术家以及由有偿服务人员和志愿者共同组成的庞大队伍对开展新图书馆服务是至关重要。

儿童图书馆

儿童图书馆主要针对0—8岁儿童提供服务，它是一个具有游戏趣味性的区域，其主要目的是为婴幼儿、儿童提供自由想象的良好空间。它旨在成为一个娱乐场所，在这里孩子能够获取图书，并通过游戏培养他们的想象力。这里的所有事物都是经过认真考虑后设置的：婴儿区提供合适的婴儿车空间，配备婴儿及其父母都能感兴趣的馆藏，营造公园般的环境氛围。

儿童图书馆内设有一个主题为“生而阅读”(Born to Read)的区域，这是为0—3岁的早期读者而准备的，在这里孩子们可以和家长一起分享阅读、游戏和玩具。孩子们的艺术、娱乐及学习天赋可在此得到发展。该区域内设置尿布更换桌和针对年幼孩子而设计的恰当尺寸的马桶，还有一个视听区和其他服务于故事时间、婴儿剧场和木偶表演的区域。在这里，每一个设施都可以通过移动来创造出所需要的新环境，这也是整个空间的基本理念。

青少年图书馆

青少年图书馆与儿童图书馆之间有楼梯相连,并延续儿童图书馆的逻辑理念。其馆藏服务于8—16岁的孩子,旨在增强他们的想象力和阅读乐趣。

这里可以被定位成非正式的教育场所。年轻人可以通过阅读、文学讨论会、剧场、电影、互联网、角色扮演游戏和其他活动来探索关于世界的各种新奇的可能性。

图4　青少年阅览区

这里的背景是专门为年轻人而设计的，它营造一个有吸引力并欢迎年轻人到来的场所，这里充满乐趣、舒适自在并且没有传统阅览室的拘束。它不仅拥有服务于视听材料、文学讨论会和剧场的各个区域，还具有用于放映电影和纪录片的触摸屏和视听频道电路。

新图书馆的影响

随着圣地亚哥公共图书馆的开放，公共图书馆开始被认为是与国家事务相关的场所，是国家政治和经济事项的组成部分。关于儿童、青少年和初中学生的几次重要会议曾在这里举行。因此，圣地亚哥公共图书馆已经成为公共政策中的一个范例。智利总统米歇尔·巴切

图5　故事会

莱特（Michelle Bachelet）已经颁布一项法律，要求在2010年年底前，所有地区都必须拥有一座图书馆。

如今，那些按照圣地亚哥公共图书馆模式建立起来并为儿童和青少年提供图书馆设施的图书馆成为教育、文化和社会参与的基本组成部分。

约灵的红线

托恩·伦登(Tone Lunden)

儿童图书馆管理员、儿童图书馆顾问,约灵图书馆,丹麦

两杯牛奶,一件裙子,一个枕头和三本书 ——在位于购物中心的图书馆中“购物”。

2007 年,我们被批准在一个拥有 40 家商店的购物中心内建立一个新的中央图书馆。我们邀请艺术家多·博施(duo Bosch)和福卓德(Fjord)与我们合作,他们共同的愿望是将艺术融入日常生活,成为生活的自然组成部分,并将艺术、设计和建筑与他们的工作相结合。他们打算使这个图书馆成为约灵市的地标性建筑。我们还邀请拉姆哈特斯图书馆设计公司(Lammhults Library Design)与我们合作,这家公司在图书馆内部装修方面具有国际化视野和经验。

不同的思考、视角、经验和灵感交织碰撞在一起,我们于 2007 年 8 月拟定最终方案,并于 2008 年 4 月动工。我们将这个图书馆想象成一个剧场—— 一个能够让用户见证图书馆魅力并有机会与之互动的“舞台”;通过“固定的书本仓库”提供有趣的变化,并为人们的信息获取提供“后台支持”。

除了从剧院建设中吸收灵感,我们还通过博物馆、科技中心和其他类似场馆在建设期间与其受众协商与互动，并在其中获得启发。我们认同雷·奥登伯格（Ray Oldenburg）所说①，图书馆是一个“伟大的好地方”，同时，也从丹麦建筑师简·吉尔（Jan Gehl）城市规划的多重性和多样性的思想中获取灵感。

我们的图书馆是这座拥有67 102人口直辖市的中央图书馆，图书馆现有4家分馆和1家流动图书馆。中央图书馆有一个旅游信息中心，这为我们带来了新的机遇，以及一个崭新的读者群体。

图1　红线

图书馆的特点在于有一条像血脉一样贯穿房间的红线。红线上下起伏，贯穿而过，时而越过长凳，时而越过书架、工作台、书桌或陈列展品的地方。除了地板上的部分，红线都是用木头做的。我们也把这个红线用作分界线—— 一边可能是大众推荐读物，另一边可能是关

① Oldenburg, Ray (1991) *The Great Good Place*. New York: Marlowe & Company.

于如何度过金融危机的书籍。

我们设计了供单人或团队使用的多种座椅。针对不同年龄段，设置安静区和活动区，彼此之间没有边界。这个图书馆虽然在一个空间里，却用不同的表现形式划分出许多不同的“空间”，而红线则将不同的区域连接起来。

在迎宾区，读者会发现适合各年龄段群体的新书和其他刊物以及一个休息室，在休息室里配备有不同尺寸显示屏幕，播放馆藏展览或天气预报。这里还是旅游信息中心、咖啡厅、办理借还书业务和信息咨询的地方。再往里走是学习室，里面有用作展览的鲜橙色主题壁龛、配置电视的休息室、带有梯子的书柜。它像书店一样，从地板到天花板，陈列着书籍和杂志。

图 2　滑动书柜

所有的刊物都放在开放式书架上，没有存储在地下室的。在古籍区，装饰由白色的现代风格更改为红褐色、切斯特菲尔德式的。

在儿童区，我们想更多地表达有关体验的想法，包括全身体验。我们把一个滑动书柜（一个由书架和滑梯组成的游戏混合体）放置在图书馆中央，作为这种想法的体现。我们有活动区和比较安静的区域，如阅读隧道。很显然，孩子们有机会来表达他们自己的想法。

图3　互动区

我们的图书馆参与过各式各样的北欧项目，如“北欧文化视角”（Nordic Culture Point）赞助的“留下痕迹”（Leaving Marks）活动、丹麦的“探索中的儿童图书馆（Children's library as an exploratory）”项目。我们把在这些活动中获得的经验也融入到新图书馆的建设中。

我们尤其受到霍华德·加德纳（Howard Gardner）的多元智能理论①和斯文·尼尔森（Sven Nilsson）文化需求的金字塔模型理论的启发②。

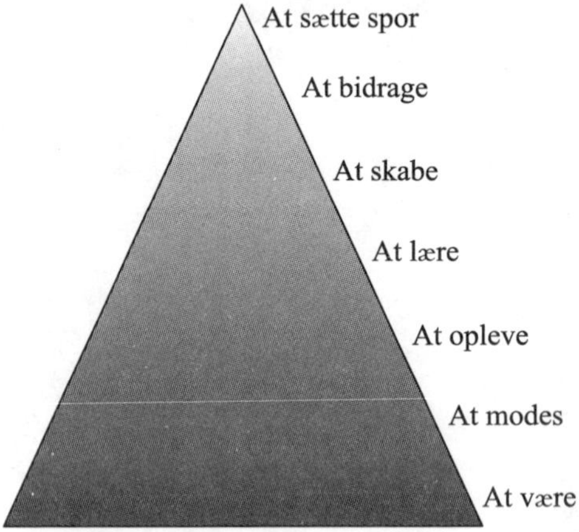

图4　尼尔森金字塔模型

在图4中，自上而下每层分别代表：留下某人的印记、贡献、创造、学习、体验、满足、存在。

---

① Gardner, *Howard* (1993) *Multiple Intelligences*: *New Horizons*. New York: Basic Books.

② In Swedish: http://www. polyvalent . se/framtidsfilerna/meningen. html [viewed September 2011].
In English: http://archive. ifla. org/IV/ifla69/papers/002e-Buchhave. pdf [viewed September 2011].

鉴于孩子们不同的认知和经历，我们希望图书馆能够满足金字塔理论中所有阶段的需求。我们的方法试图充分利用孩子们的好奇心和迷恋心理，希望孩子们按照自己的意志游览图书馆，而并不需要知道多少人会来，来了会待多久。当然，有些孩子是由学校、幼儿园或他们的家人带来的，但相当多的儿童或青少年是自己或者和朋友一起来的。研究儿童游戏文化的丹麦学者卡斯滕・耶森（Carsten Jessen）说过，对任何年龄段的用户而言，儿童图书馆是少数几个娱乐文化蓬勃发展的地方，我们将其视为一个相当令人兴奋的挑战。

图5　儿童区

为了方便儿童创作并留下相关记录，我们设计了如动画制作活动区和评论活动区等区域。在动画制作活动中，你可以创作简短的动画电影，然后在大屏幕上观看。通常，我们将动画人物做了改换，他们可能是动物、骑士或马戏团演员，孩子们自己决定他们影片的长度和标题。在评论活动中，你可以把感兴趣的事物制作成视频录像，可能是一次暑假旅游、一部电影、一首歌曲或是你想推荐的一本书。它们也可以在大屏幕上播放。通过这种方式，图书馆成为故事小屋，而孩子们的故事成为这个故事屋的一部分。你还可以在钻牛角尖区玩文字和押韵游戏，该区位于同一主题书籍旁。

经过深思熟虑，我们在图书馆的每个角落设置各种放松的区域——沙发、酒吧椅、安乐椅、还有儿童图书馆里的“大水坑”，你可以独自或者和同学一起在里面舒适地阅读。穿上特殊服装和面具是一个成功的尝试！我们最初买的服装实践证明太小，因为年龄较大的儿童和青少年也想打扮起来。我们一直留心寻找那种能够鼓励孩子去探索的令人兴奋的玩具，同时也在寻找那些能让孩子交流下去的话题。

图6　图画书区

图画书区被设计成像长着一棵树的公园，所以一年四季，你都可以或坐或躺在公园里看书。特别是在丹麦这样的气候环境中，能够有如此享受真是太美妙了！

贵宾（儿童家长）休息室不但有关于儿童的杂志和书籍，而且还有园艺、婚姻、汽车和编织之类的书刊。

图7　家长休息室

我们有一个面积大的展览区和各种工作坊——例如针对不同年龄段儿童设置的绘画室。在那里，我们配备影院功放、投影仪、屏幕、脚手架、服装及其他设备。我们邀请教师和艺术家联合开展一些主题活动，例如"染成黄色"（Colour Yellow）、"歌曲轮唱"（Trolls）、"鸟和青蛙"（Birds and Frogs）、"雕塑"（Sculptures）等。

例如，一个有关大自然的展览中可能有鸟类标本，也可以参观乡村的照片，听到鸟鸣，还可以自己画画虫鸟。在学校放假期间，工作日的下午或星期六的早上，我们经常安排公开研讨会，主题也许是我们正在展览的内容或者与季节相关如复活节、圣诞节等。就"染成黄色"这个主题来说，我们提前收集黄色的物品——收一双黄色的袜子、一个黄色的茶壶、一辆黄色的自行车或黄色的罐头。展览的规模超过了创意作坊,孩子们在展览中专注于某个物品,并作一幅画——当然是黄色的。在这种时候,全体员工都参与进来,献计献策。

图 8　创意游戏

我们有自己的机器恐龙:拜布罗 · 普列欧。他负责给 3—6 岁的儿童讲述关于恐龙的故事。这其实是相当困难的,因为关于这个主题,很多孩子比成年人知道得更多。该课程还包含与恐龙猜谜、搭积木、开挖骨架等内容,最后孩子们还要与拜布罗 · 普列欧玩耍。一个幼儿园在参加完该课程后,有效地利用了这个恐龙主题,在公园附近兴建尺寸同真恐龙一般的雕塑,还画了一些非常有吸引力的图片。图书馆展出他们的制作工艺和相关图片。通过这种方式,图书馆和幼儿园双方都贡献力量,还为其他读者提供很好的借鉴。

还会在图书馆不定期举办视频游戏,如 Wii,同时也希望图书馆每年从外部引进一些大型的展览,比如第 7 个天堂①的“神秘的失物招领办公室”等。这是一个激发竞猜游戏,也是刺激语言和阅读的展览。我们曾经引进奥胡斯市(Aarhus)上的波涅库里森(Børnekulissen)的名为“金发姑娘和三只熊”的展览。在这里,你可以通过角色扮演成为童话故事的一部分,还有专为成年人准备的角色,可以用来说明如何使用展览来进行语言实验。

我们充分意识到,作为一个图书馆,我们需要来自不同专业背景的创新型人才,所以我们努力建立一些新的联系。图书馆领域中存在一个特有的挑战,即其特色服务不易保持长期的连续性。为此,我们更多地经营一些“开胃品”。众所周知,当涉及体验和表达自我的其他途径时,艺术家们往往独具慧眼。而美术教师和其他一些人在调解方面具备一流的技巧。我们也想和自然、科技、数学以及其他科目的人更多地在文化氛围体验上,而不是在教室里合作。

图书馆参与一些全国性、区域性和当地的活动。例如,丹麦阅读锦标赛、培养幼儿园孩子们的阅读热情,或者参与筹备市政府制定有关儿童的政策等活动。我们与其他人一起为健康而努力,比如如何找到一种有吸引力的方式使人更好地保持健康状态,例如通过音乐和唱歌。在每年的丹麦比赛日,图书馆连同其他的当地组织者发挥积极的作用,这为我们提供了新的视角、方法和合作伙伴。

---

① In Swedish: http://www. polyvalent. se/framtidsfilerna/meningen. html [viewed September 2011].

In English: http://archive. ifla. org/IV/ifla69/papers/002e-Buchhave. pdf [viewed September 2011].

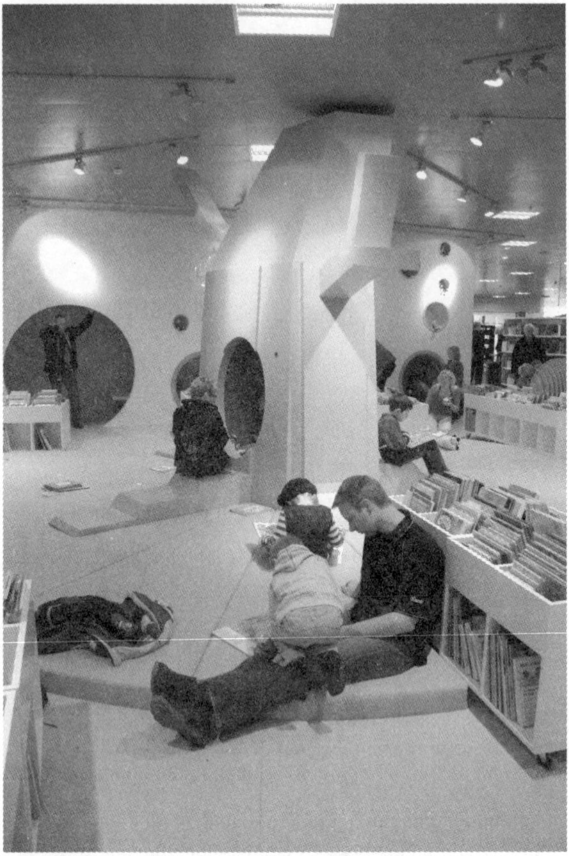

图9　在树下阅读

丹麦图书馆和新闻管理局发布一份报告题名为《关于未来图书馆儿童服务报告》，其中包含10个行动建议[①]，我们一直特别感兴趣的是：

① http://www.splq.info/issues/vol41_3/04.htm [viewed September 2011].

——建议 2：图书馆空间必须能够创造惊喜、激发灵感

——建议 4：儿童可以在图书馆中自由玩耍

——建议 8：图书馆支持学习和教育

玩耍、好奇心和创造力都是关系到图书馆和图书馆内涵的重要关键词。例如，可以看到，图画书的使用率比以前提高很多，同时可以归纳出这样一个事实，即这个地方有一个核心定位，相对于过去，这里为用户提供更多聚在一起玩耍的机会。

图 10　阅读墙

以前的图书馆，我们有截然分开的区域——孩子向左，成人向右。在新的图书馆，我们希望打破年龄界限，把诸如惊喜、互动、机遇和新的调解方式作为整个图书馆运营的关键词。我们每个月在红线区域利用适用于所有年龄段受众的媒体手段，举办不同的主题展览，如格陵兰（Greenland）或人权（Human Rights）。我们经常去购物中心浏览

配饰,有时买来作为储备,有时甚至去借。图书馆坐落于都市时尚购物区,这一地理位置给我们带来新的用户。我们每天大约有 1200 位读者,包括各种年龄的人,或单独前来,或由学校、幼儿园或其他团体组织。与此同时,图书馆日接待读者量增加了 50% 以上,书刊出借量也增加约 10%—15%。

在丹麦图书馆和新闻管理局的拨款支持下,我们正在开展一个名为“漫步图书馆”的项目,目的是来研究读者使用图书馆的方法。我们还与奥尔堡大学(Aalborg University)和皇家图书信息科学院(Royal School of Library and Information Science)合作开发一个项目,利用射频识别技术和访问标签来对读者进行监控,例如,人们在图书馆做了什么,去了哪里,待了多久。

对于两件事情我们感到非常自豪:其一,我们被列入欧洲最好的图书馆名单①;其二,读者给予我们类似于“我们很高兴看到缴纳的税款能得起所用”,“这一定是一个极其美好的工作场所”的评价。是的,确实如此!

① http://www.librarybuildings.info/ [viewed September 2011].

“在这里,你几乎可以随心所欲”

——建设一座新的儿童图书馆

凯伦·博特瑞姆斯(Karen Bertrams)

荷兰公共图书馆协会顾问

莫妮克·莫琪(Monique Mosch)

荷兰图书馆、书店和教育机构顾问

英文版:丽娅·斯密斯(Ria Smith)

荷兰公共图书馆协会

在天才100图书馆(Library of 100 Talents)中,儿童即是图书馆员。从根本上说,未来儿童图书馆将取决于以下几个方面:儿童在图书馆中如何使用信息,如何营造新的环境,如何与其他儿童分享这一切。这需要一个不同类型的建筑,从而使人们有可能以新的方式组织和分享信息。

荷兰图书馆协会的罗伯·布瑞金滋斯(Rob Bruijnzeels)提出一项新的设计方法,他表示:“在信息、媒体、消费和活动丰富多彩的时代,图书馆有机会在以下问题不断提出之际脱颖而出:如何从大量的信息中创造财富?哪些信息是真实而有意义的?如何使特定的信息被指定的人群所获取,并能够被有目的地加以利用?图书馆员在其中以什么方式发挥重要作用？未来的图书馆将探求解答这些问题，同时也将提出新的问题。通过构想新的实践方式，制定具有前瞻性的战略，未来图书馆将不断保持其超前性。”

图1　天才100图书馆

荷兰阿姆斯特丹北部小城海尔许霍瓦德（Heerhugowaard）建造了一座全新的儿童图书馆。2006年12月，一名儿童首次到访时在读者意见薄里写到：“在这里，你几乎可以随心所欲。”

图 2　一座儿童图书馆模型

2002 年,为了参加“天才 100 图书馆”全国大赛,当地一所小学要建造一座新的儿童图书馆模型,于是该工程得以启动。在此过程中,孩子们饱含热情,充满竞争精神。最终,该校的设计理念赢得这场比赛,按照预定计划,图书馆使用孩子们的想法建造了这座新的图书馆。

在此过程中,许多问题需要解答。孩子们如何学习,如何拓展自己的才能?学校及其他机构(如博物馆)如何对此做出回应?如何将这些问题转化为图书馆设计?建筑师们如何开展工作,颜色的效果如何,建筑设计中必不可少的是什么?我们的工作人员具有哪些才能,他们还需要增加哪些技能?

来自不同学科的许多专家们曾共同努力来寻求答案,在寻找过程中并不总是有章可循,而是经常遇到困难。但在建造海尔许霍瓦德的天才 100 图书馆时,专家们的通力协作被证明是绝对必要的。

图 3　休闲放松

图 4　一起工作

灵感的源泉

天才100图书馆的理念源于雷吉奥·艾米莉亚（Reggio Emilia）的教育愿景和霍华德·加德纳（Howard Gardner）的多元智能理论。1945年，雷吉奥愿景由教育家洛利斯·马拉古兹（ Loris Malaguzzi ）及一些教师和家长共同提出，被称为儿童的100种语言。儿童们不仅可以通过讲话来表达自己的想法，同时也可以通过声音、动作、色彩、绘画、建筑、雕刻及其他更多的方式达到这一目的。

图5　创造性游戏

基于这一设想，教育家和艺术家们在意大利的雷吉奥·艾米莉亚（Reggio Emilia）儿童中心与儿童读者进行了长达几十年的努力。大家一起交流思想、分享观点、共同猜想和交换记忆，为促进儿童图书馆的发展提供诸多积极的因素。儿童的能力是与儿童一起工作的出发点是他们的能力:孩子的理解力能有多强,他或者她的特殊能力是什么?从传统上讲,图书馆是一个“语言”机构,但许多儿童却以非语言的方式进行学习和交流。问题是:孩子们通过何种方式体现其聪明才智?

图6 游戏桌

洛利斯·马拉古兹的一首诗①

孩子有一百种。
孩子有一百种语言,
一百双巧手,

① http://www.reggiokids.com/about/hundred_languages.php (retrieved September 2011).

一百个想法,
一百种思维方式,
一百种游戏方式,
一百种说话方式。
总有一百种倾听方式,
一百种惊奇方式,
一百种热爱方式,
一百种歌唱与领悟的喜悦,
有一百种世界要去发现,
有一百种世界要去创造,
有一百种世界要去梦想。
孩子有一百种语言,
但他们窃取了九十九种,
学校与文化,
将孩子身心分离。
他们告诉孩子:
不用双手去思考,
不动脑筋去做事,
但求倾听而无需讲话,
不必带着喜悦去领悟,
去热爱,去惊奇,
只需想着复活节和圣诞节。
他们告诉孩子:
去发现已知的世界,
在一百种当中,
他们窃取了九十九种。

他们告诉孩子：
工作与游戏，
现实与幻想，
天空与大地，
理智与梦想，
注定水火不容。
因此他们告诉孩子：
一百并不存在。
但是孩子们却说：
不，真的有一百种！

霍华德·加德纳学习理论解释了儿童如何以他们的方式来看待这个世界。他区分了八种不同的理解方式。

语言智能(Linguistic intelligence) 指对口语和书面用语的感知能力、学习语言的能力、使用语言完成某些特定目标的能力。这种智能包括有效地运用语言、运用修辞或有韵律的语言表达自己，以及运用语言作为记录信息的一种方法的能力。作家、诗人、律师和演说家在霍华德·加德纳看来拥有杰出的语言能力。

逻辑数理智能(Logical-Mathematical intelligence) 指通过逻辑方法分析问题、进行数学运算、科学地调查研究问题。用霍华德·加德纳的话说，适当的探索精神、演绎推理和逻辑思维是必须具备的。这种能力常常与科学和数学思维能力相关。

音乐智能(Musical intelligence) 指在演奏音乐、创作音乐和理解音乐方面的技能。这种能力包括识别和编排音高、音调和旋律。霍华德·加德纳构建的音乐智能与语言智能基本上是平行的结构。

身体动觉智能（Bodily-Kinesthetic intelligence） 拥有利用整个身体或者部分身体来解决问题的潜能。这是通过大脑指挥身体协调运动的能力。霍华德·加德纳认为大脑精神活动与身体的活动是相关联的。

自然观察智能（Naturalist intelligence） 能够使自然人识别、分类并从环境中借鉴某些经验的能力。这种能力结合了核心分辨能力和众多文化所重视的个性化描述能力。

空间智能（Spatial intelligence） 包括识别和使用大空间和更多受限空间的潜能。

图7 想象无限

交往交流智能（Interpersonal intelligence） 与理解他人的意图目的、动机和愿望的能力相关。这使得人们能够有效地与他人合作。教育家、销售人员、宗教人士和政治领袖人物以及顾问都需要很好的人际交往能力。

自知自省智能(Intrapersonal intelligence) 指理解自身、接纳个人的各种感情、恐惧感和动机。在霍华德·加德纳看来,它包括我们自身拥有的一个有效工作模式,并且能够使用这样的信息来管理和规范我们的生活。

精神层面的、有关存在的和道德智能将来可能会被纳入霍华德·加德纳的理论研究范畴。

专家讨论会

在海尔许霍瓦德图书馆设计和建设期间,年轻一代对于图书馆尤其是少儿图书馆部分的想法(例如外观、使用感觉和工作流程)都被认真仔细地考虑,并被采纳。来自10所学校的250名年纪在11—12岁的孩子被邀请参加关于新图书馆如何呈现的集体讨论会。一大批来自不同学校的孩子同专业的设计人员和图书馆员一起,就各种相关的问题进行专注而积极的探讨。探讨领域包括如下几个方面:

沟通与宣传——图书馆员与儿童之间如何彼此沟通。

设计——椅子、柜子和游戏区域的家具看起来、闻起来、摸起来应该是什么样子?除了基本的功能,它们还能具有什么作用?

网站——如何设计一个具有吸引力、富有挑战性,且简单实用的图书馆网站?

建筑样式——大家在对未来图书馆模型的设计比例上取得共识:其应建立在对该建筑较好的洞察与理解的基础上。

活动设计——活动和主题应通过不同的方式来讨论和测试,以此确定其是可被实现的。

系统——为呈现不同媒体及其功能和可行性来创造一个新系统。

图8　小读者们

图9　休闲区

通过文本、摄像和图片细致记录下建筑师对儿童图书馆总体规划的主要思想,并由此得出新颖别致的解决方法。其中之一是把四楼的屋顶设计成为一个穹顶,使得来到这里的孩子们可以俯瞰他们的城市。

对于很多参与研讨班的专家来说,这是一个全新的、能带来灵感的体验。

馆藏资源

多媒体馆藏资源存储在一系列“板块”中——“要做的事情”“自然”“起居室”“我与世界”和“梦想”等。其余资料也都集中在一个大仓库中,供年轻读者们翻阅。画室和工作室是充满活力的地方,在这里孩子们可以用他们自己喜欢的任何方式来处理与构思信息和灵感。

图 10　在努力工作么?

这使得图书馆成为一个探索博物馆(Explorium),一个可以发现事物的迷人地方,在这里人们可以深入发掘一个主题,展示发现和结果,尤其是可以与其他孩子分享。

激发灵感

荷兰和其他许多国家的图书馆对这些发展很感兴趣,而且这个概念在丹麦、瑞士、爱尔兰和德国的会议上也被提出来。其目的是为了给孩子这样的感觉:他们可以去任何他们想要去的地方,并且拥有许多的实现途径和可能性。“天才 100 图书馆”是在充分了解所有图书馆中孩子们需求的前提下,提供建造一座全新图书馆的框架。它是一个对话、互惠、交流与互动的过程,通过所有感官的沟通、全新角度的观察、合作、成长、传递、启动、展示和说明等方式来实现。这令人欢欣鼓舞,但也令人不安和困惑。规划不是总能够尽如人意,但却总能激发新思路、寻找到替代方法和路径,而非一味地循规蹈矩。

图 11　一家全思维图书馆(A library for all the senses)

参考文献:

1. *100x Glossy over de bibliotheek van 100 talenten* [100x Magazine about the library of the 100 talents] (2011) Hoofddorp: Probiblio.

2. Bertrams, Karen and Mosch, Monique (2008) "*Je kan hier overal heen, bijna...*": *Samen bouwen aan een nieuwe jeugdbibliotheek* ["Here you can go everywhere you want, sort of...": Building an New Children's Library] Leidschendam: Uitgeverij Biblion. – ISBN 978-90-5483-818-0; PPN 312657323

3. Bruijnzeels, Rob and Tiggelen, Nicoline van (2001) *Bibliotheken 2040: De toekomst in uitvoering* [Libraries 2040: Execution of the future] Leischendam: Uitgeverij Biblion.

4. *De bibliotheek van de* 100 *talenten* [The library of the 100 talents] (2010) Leidschendam: Biblion Uitgeverij. Texts both available in Dutch and English. ISBN 978-90-5483-934-7. Includes:

① Leenheers, Pam (2010) *Je kunt het*! [You can do it!] [ed. Rob Bruijnzeels, et al.] Leidschendam: Biblion Uitgeverij. (De bibliotheek van de 100 talenten / The library of the 100 talents). Texts both available in Dutch and English.

② *Het idee* [The idea] (2010) [ed. Rob Bruijnzeels, et al.] Leidschendam: Biblion Uitgeverij. (De bibliotheek van de 100 talenten / The library of the 100 talents). Texts both available in Dutch and English.

③ *Het kan* [It can be done] (2010) [ed. Rob Bruijnzeels, et al.] Leidschendam: Biblion Uitgeverij. (De bibliotheek van de 100 talenten / The library of the 100 talents). Texts both available in Dutch and English.

5. Gardner, Howard (1993) *Multiple Intelligences: New Horizons*. New York: Basic Books.

世界各地的儿童图书馆空间

凯瑟琳·英霍夫(Kathleen R. T. Imhoff)
美国肯塔基州莱克星顿市

引言

在世界各地的青少年儿童图书馆空间设计中,将三个"A 级"建筑设计理念融入规划进程是至关重要的。这三"A 级"建筑设计理念是:适应性(adaptability)、易用性(accessibility)和美观性(aesthetics)。

本文重点论证上述理念在世界各地公共图书馆儿童空间设计中的重要性,探讨以下图书馆的基本经验:荷兰阿姆斯特丹公共图书馆、美国肯塔基州莱克星顿公共图书馆、挪威阿斯克公共图书馆和奥斯陆公共图书馆、美国明尼苏达州明尼阿波利斯公共图书馆、美国加利福尼亚州喜瑞都公共图书馆、南非德班公共图书馆,以及美国印第安纳州印第安纳波利斯公共图书馆。

尤其对孩子们而言,世界正在飞速发展变化,所以设计出适应性强、灵活、以儿童为中心的空间以满足儿童的知识、教育、娱乐需求显得格外必要。在过去,许多图书馆的儿童空间都明显区别于图书馆的其他区域。20 世纪早期,建于英格兰、苏格兰和美国境内的数百座卡内基图书馆,其儿童部通常位于图书馆建筑的地下室,其通道通常为一段陡峭的楼梯，这对于捧着一叠书或牵着小孩或蹒跚而行的家长们并不安全。这些儿童空间虽然比较宽敞，但是窗户又高又小，采光不足，空气潮湿并且位于地下室，更像一个次要空间。许多老旧的卡内基图书馆经过整修后，改善采光状况，采用无障碍坡道，但儿童部仍然保留在地下室中。

建于20世纪60—90年代的图书馆，儿童空间获得更多的关注。它们通常经过特殊设计，是一个个布置水池、手工桌、手工材料储存处的独立空间，这里更适合讲故事、做手工。许多儿童空间还设置其他便利条件，包括婴儿车停车区、单独的儿童或家庭专用盥洗室、为儿童更换尿布的设施，以及供家长、看护人与儿童享用的摇椅。这一时期的儿童空间通常宽敞而开放，房门紧闭的故事室被铺满垫子的角落所取代，这使得这些空间可以在故事时间之外举办其他活动。

适应性

鉴于与日俱增的建筑成本和世界变化速度，五年后的理想儿童图书馆空间将变得难以预测和规划。所以，当规划新的或者改建旧的图书馆建筑时，适应性和灵活性变得越来越重要。

在欧洲，图书馆采用适应性理念，引进带滑轮的书架以使全部空间具有最大限度的灵活性。这一理念在儿童空间中得到较好的应用。在美国，图书馆直到近些年才开始使用滑轮书架。图1和图2展示了肯塔基州莱克星顿乡村分馆的中心区。

第一幅照片展示图书馆中存放儿童馆藏资料书架的布置情况。滑轮书架的应用使得图书馆员可以轻易将其推在一起，或推至另一个房间，从而可以为深受儿童欢迎的节目提供足够空间。另外，通过移动书架可以制造出比图书馆会议室容积更大的空间。

图 1　滑轮书架

图 2　表演展示空间

使空间具有适应性的另一种方式是使用滑动玻璃门,这些滑动门使相同的空间在同一天的不同时段具备两种功能。它避免了特殊用途的空间设计,如专门用于讲故事的空间,当其没有安排特定活动时,这些空间会被闲置。此外,使用玻璃门作为墙壁,可以使隔壁房间内的人们看到玻璃房间内正在举行的活动。这种设计元素其实是一种营销方式。同样的理念,滑动玻璃门还可以有效应用于儿童计算机空间,上课时间玻璃门将关闭;非上课时间,所有计算机均可被使用。

图3展示莱克星顿公共图书馆北部分馆(Northside Branch Library)的开放型儿童故事会玻璃空间。除故事会期间以及孩子们的特别活动时间之外,房间的玻璃门是敞开的。

多功能会议空间提升了儿童空间的可用性。在参观世界各国各类图书馆过程中,我发现儿童聚会空间通常用来展示儿童工艺品、当地儿童绘画作品,以及摆放专门的儿童馆藏图书。

图3　故事空间

多功能的书架也非常适用于儿童空间。排架的设计因儿童馆藏而变化，这些适应性包括：宽阔的书架用来放置学龄前儿童读物；挂杆用来放置盒带和大型袋装式书籍；狭窄的书架用来放置录像带；专门的架子或箱子用来放置 CD 和 DVD。许多公司专门为青少年儿童设计低矮的定制书架，以及适合正面朝外的书架，或者在同样的书架中设置许多不同类型的隔断。一些图书馆使用低成本的洗衣篮以便于儿童纸板书的收纳。书架的高度应当便于相应年龄段的孩子们取用读物。书架的理想高度不应超过 42 英寸（106.68 厘米），而且绝对不能超过 60 英寸（152.4 厘米）。儿童的书架应当易于纸板书、乐谱的放置，学龄前读物的封面朝外摆放；儿童空间应当易于做游戏、捉迷藏。在设计儿童可用空间时，上述及所有儿童的需要都应当被周全地考虑。

图 4　儿童区域的书架，阿姆斯特丹公共图书馆

易用性

第二个“A 级”优秀的建筑设计理念是易用性,这对儿童活动空间尤为重要。对儿童空间所服务读者的年龄段进行明确界定是非常有必要的。由于孩子们的成长具有差异性,因此儿童空间应该让所有儿童读者们感觉易用。举例来说,易用性的空间应当便于童车穿行,有童车的停放区域,具有特定而封闭的儿童爬行空间。

在儿童空间的设计中做到易用性还需要考虑儿童对家具的需要。在确定小读者的年龄段后,儿童空间内应当使用适合儿童的家具。儿童空间的设计应避免购买过多家具。小读者们通常更乐意席地而坐或坐在大椅子里。然而,让成年人和年长的孩子们使用一些儿童空间内非常小的家具几乎是不可能的事。

儿童空间内的所有桌子都需要配备带滑轮的椅子以方便孩子们使用。应当为轮流值班的图书馆员配置高度适当的服务台。视障机器、特殊功能计算机和儿童盲文图书等设施、设备需要规划更大的专门空间和家具。我们应当了解所在社区的小读者可能会有的特殊需求,并作出相应安排,然后,将这些需求落实到建筑空间的规划和家具的挑选中去。

美观性

第三个“A 级”优秀的建筑设计理念是美观性。在规划儿童空间时,美观的考虑也很重要。这一理念的应用使儿童空间与众不同,并决定着图书馆空间对孩子们是否有足够的吸引力并使其乐此不疲。

若儿童空间不够美观，那么其无法成为令孩子们感到舒适的场所。

儿童空间入口的装饰性、新颖性设计会自动吸引孩子们一探究竟。许多图书馆都选择将预算中的很大一部分花在儿童空间入口的特殊设计方面。儿童图书馆的入口使孩子们仿若进入山洞、冒险区或一本打开的书籍。美国佛罗里达州杰克逊维尔公共图书馆的儿童空间入口以湿地为主题，这与当地环境具有一致性。入口处设计了一人高的青草造型，中间会传出蟋蟀、蝉和树蛙叫声，另外还有一只会说话的猫头鹰。

图 5　与众不同的入口

其他一些儿童图书馆内部也通过特殊设计为孩子们提供适合活动的空间。加拿大不列颠哥伦比亚省里士满公共图书馆为孩子们设计了一座小房子，里面摆放舒适的座椅和引人入胜的图书。挪威阿斯克公共图书馆在儿童区为孩子们设置了一面供爱冒险的攀岩者攀爬的攀岩墙。

许多儿童图书馆都邀请当地艺术家、著名童书插画家以及孩子们在墙上画画,这些壁画也吸引着孩子们进入儿童空间。美国南卡罗来纳州哥伦比亚里奇兰县公共图书馆,将莫里斯·森达克的儿童画册《野兽家园》里马克思和野兽们的12个彩色形象设置在其儿童图书馆的入口处作为标识。荷兰阿姆斯特丹公共图书馆以可容纳媒体、书籍和电脑的弧形、雕刻书架和以奇遇、旅行和幻想为主题的展示空间来构建冒险和学习区。另外,在这个梦幻空间中还有一个直达书架顶部的旋转楼梯。

图6　壁画

美观而令人喜爱的标识为孩子们提供更为便易的引导,家长和看护人也可在此设计元素中受益。一些图书馆已经放弃诸如"流通"或"参考"的典型图书馆用语,而以诸如"帮助"或"信息"等友好而易懂的儿童化用语进行替代。在标识中创造性地使用词语也可以使标识的设计更符合美观的标准。

图7　引导标识

使用强烈的色彩来界定儿童空间是一种低成本的方式。在构建一座微型儿童图书馆时,使用崭新、明亮的色彩装点儿童空间既可以提升美观度又可节省预算。将色彩元素引入儿童区的设计之中是一种低成本的方式,如使用各种基础色调油漆书架或储存物等大型木质立方体或箱子,将天花板绘制成夜空或将儿童空间的入口设计成儿童的身形。将木质书架涂上明亮的色彩可以改善儿童空间内的视觉效果。油漆是一种低成本的设计元素。设计团队和馆员合作构想出在设计儿童空间中创造性使用色彩的方式。

在儿童空间采用适合当地风格的主题图形是另一种吸引孩子们的方式。孩子们会被吸引到引人入胜的互动式主题空间内。目前,在公共图书馆儿童空间设计中比较成功的一些主题元素包括:友善的大型动物、微笑的树、欢迎孩子们到来的猫或枝头上的鸟、托马斯火车头玩具桌、攀爬空间、船、夜空、孩童身形的门或主题图书箱等。许多图书馆采用木偶剧场作为特别的趣味项目。剧场可以建于多功能空间内。一些儿童图书馆采用木偶展示作为其设计风格。

越来越多的图书馆为孩子们设置户外活动空间。许多新建的图书馆为孩子们在室外设计蝴蝶纷飞的花园、雕塑园等。在天气适宜的情况下，孩子们可以在直通儿童区的室外场地开展故事会等活动。

结论

请想想你所在城市、乡镇、村庄的特色，并判断能否将这些特色以颇具吸引力的方式融入儿童图书馆设计之中。如果你认识当地的儿童画家，则应尝试获得授权，将其作品放大后设计在儿童空间的墙壁上。将别具一格的设计风格成功地应用于儿童空间的可能性几乎是无所限制的，在这里，想象力可以得到尽情发挥。运用别具一格的设

图 8　主题图书展架，莱克星顿市

计使儿童空间独具特色，将使之具有让孩子们“趋之若鹜”的魅力。

为了获得儿童图书馆的设计灵感，请参观其他儿童空间：儿童博物馆、创意学校、儿童剧场、儿童书店、儿童花园和儿童公园。在图书馆期刊中寻找具有建筑设计特色的儿童图书馆照片。选取本国少数大城市和世界上其他地区的儿童图书馆，并通过互联网获取其儿童空间的信息。寻找那些为孩子们而建的乐园，并试图找出这些地方吸引孩子们的秘诀。与孩子们谈论他们的好恶。

图 9　掌握 IT 技术，走遍天下都不怕（IT holds not fears）

请牢记三个“A 级”优秀的建筑设计理念是：适应性，易用性和美观性。可以从其他成功的儿童图书馆和儿童空间中汲取经验，为所在国家的青少年儿童设计出最好的公共图书馆空间，并在此过程中不断获得乐趣。

结　论

IFLA 图书馆建筑和设备部以及儿童和青年图书馆部之间的合作是极富成效的，两个部门之间相互学习借鉴，相得益彰。进入 21 世纪，随着技术日益影响着我们使用和设计图书馆的方式，图书馆的设计也正在经历着巨大的变化。从以馆藏为中心的空间设计到以用户为中心的空间设计的转变体现出图书馆设计越来越重视使用者的需求，这点在儿童图书馆的设计中尤为突出。通过本书的描述，我们可以看到，许多极富想象力的解决方案都产生于随意举动与功能追求之间的微妙平衡。

信息和设计专业人员在参与新图书馆建设或者是对已有建筑的翻新过程中，他们首先需要理解用户和社区的需求以及图书馆在其中扮演或者应该扮演的核心角色。当然，图书馆应该实现其功能，但是它也应该是友好、易于访问，并且令人愉悦的场所。儿童需要这些空间来激发他们的想象力，赋予他们来此游玩、学习、表达自我的自由，并且因此获得快乐。这给了建筑师和图书馆规划者发挥他们想象力的足够空间，并且允许他们在方案设计上比其他类型的图书馆更富趣味性。

提交到 IFLA 米兰大会以及发表于本书的文章清晰地阐释了世界范围内儿童图书馆共同的主题。这些主题包括选用令人兴奋的颜色、艺术品和图像，使用家具的时髦，提供隐秘和开放的各种空间，提供类似木偶和传统剧场的表演空间，提供可进行会展的区域。提供特殊主题的空间是另一个引人注目的趋势，美国佛罗里达州的杰克逊维尔公共图书馆(Jacksonville Public Library)先行一步,它的内部设计反映环境的情境,在12岁以下读者服务区域描绘佛罗里达州东北部的沼泽;而青年读者的区域采用类似俱乐部的主题,有大海的场景和波浪式屋顶。所有的论文都强调鼓励儿童积极参与的重要性,并通过允许他们参与图书馆设计和装饰来实现。

本书具有两个功能。首先,它提供一个有关世界范围内儿童图书馆设计的发展和现状的准确而有价值的描述,其中包含许多令人激动又引人思考的案例。其次,它通过对在技术和社会层面上可影响儿童图书馆设计方式趋势的研究,来指明我们未来发展的方向。本书所含的案例研究还提供一个思路:即便在预算不足以支持大规模项目建设的情况下,如何能够逐渐改善、优化图书馆空间。显而易见,如果我们想要为21世纪的儿童设计图书馆,那么我们需要考虑学习方式的改变并整合新技术与传统材料。我们需要拥抱未来,但同时也不要抛弃传统中的精华。只有这样,我们才能相信图书馆能够保持在社区中的中心地位,在儿童生活中所扮演的重要角色。

英格丽德·邦(Ingrid Bon)

卡伦·拉蒂梅尔(Karen Latimer)

作者简介

阿利斯塔尔·布莱克(ALISTAIR BLACK)

自2009年1月起,阿利斯塔尔·布莱克担任美国伊利诺伊大学香槟分校(University of Illinois at Urbana-Champaign)图书馆和信息科学研究生院的全职教授,他曾在英国的利兹城市大学(Leeds Metropolitan University)从事教学和研究工作长达19年。出版专著《英格兰公共图书馆新史》(*A New History of the English Public Library*,1996)以及《英国的公共图书馆,1914—2000》(*The Public Library in Britain 1914—2000*,2000)。参与合著《理解社区图书馆学》(*Understanding Community Librarianship*,1997)、《英国的早期信息协会,1900—1960》(*The Early Information Society in Britain, 1900 – 1960*,2007),以及《图书、建筑和社会工程学》(*Books, Buildings and Social Engineering*,2009)。与彼得·霍雷(Peter Hoare)共同编著《剑桥英国和爱尔兰图书馆史》(*Cambridge History of Libraries in Britain and Ireland*,2006)第三卷(1850—2000年)。1992—1999年担任图书馆协会图书馆史小组(Library History Group of the Library Association)的主席。2004—2008年担任《图书馆史》(*Library History*)杂志的编辑,目前担任《图情历史》(*Library and Information History*)的北美编辑。担任《图书馆趋势》(*Library Trends*)杂志的合作编辑。近期研究企业图书馆以及员工杂志史(staff magazines),以及20世纪60年代的公共图书馆设计。

卡洛琳·兰金(CAROLYNN RANKIN)

英国利兹城市大学(Leeds Metropolitan University)健康和社会科学学院、应用全球伦理学学院(School of Applied Global Ethics, Faculty of Health and Social Sciences)资深讲师。教授信息社会、全球公民权,以及方法论等方面的硕士和本科生课程。曾作为信息专业工作者以及图书馆管理者从事专业图书馆以及信息服务方面的工作长达20年,并于2000年转向职业教育工作。卡洛琳是英国图书馆与情报专家学会的会员,同时也是专家委员会的外部审查员。她当前的研究兴趣包括信息和图书馆服务的社会影响,以及信息工作者的角色。

卡洛琳曾被邀请在欧洲和加拿大专业协会和会议上做演讲。她指导的研究项目包括在约克夏郡进行的对国家阅读年(National Year of Reading)评估,她正在从事IFLA儿童和青年图书馆部的"姐妹图书馆项目"(Sister Libraries Programme)的研究。她是《传递最好的开始:幼儿图书馆指南》(*Delivering the Best Start: a Guide to Early Years Libraries*)一书的第一作者,该书由Facet出版社出版。她还在编辑另一本关注数字时代向儿童和青年人传送图书馆服务的书籍。

克尔斯滕·多特纳(KIRSTEN DROTNER)

南丹麦大学(University of Southern Denmark)文学、文化和媒体研究部(Department of Literature, Culture and Media Studies)教授,也是丹麦教育和高等媒体材料研究中心(Danish Research Centre on Education and Advanced Media Materials, DREAM)的创始人和主管。撰写或编著15本著作,100余篇文章或图书的章节。研究兴趣包括媒体史、定性研究方法以及年轻人对于媒体的使用。她最近的著作关注社会媒体以及在博物馆和图书馆这样学校以外的情境中对于具有创意内容的创造。她的最新出版物为《认知、实践和观点》(*Digital Content Creation:Perceptions,Practices and Perspectives*)(彼得·郎出版社,2010年,合作编者是克里斯蒂娜·施罗德(Christian Schrøder))。

詹姆斯·凯勒(JAMES R. KELLER)

美国建筑师协会会员,同时是位于费城的多学科的建筑工程公司VITETTA的合伙人。凯勒先生在1996年创建维提塔图书馆设计工作室(VITETTA Library Design Studio)。至今,已经为多个重要的美国图书馆系统提供设计理念和项目指导,其中包括费城免费图书馆(Free Library of Philadelphia)、德克萨斯州的圣安东尼奥公共图书馆(San Antonio Public Library)、佛罗里达州的布罗沃德县公共图书馆(Broward County Public Library),以及肯塔基州的莱克星顿公共图书馆(Lexington Public Library)。凯勒先生在南美洲和中东也设计了图书馆,并与丹麦的施密特·哈默尔·拉森(Schmidt Hammer Lassen)以及英国福斯特、伦敦的合伙人一起开展图书馆设计的国际合作。

最新的项目包括阿曼的马斯喀特(Muscat)的一座新的儿童公共图书馆,这是阿曼的第一座公共图书馆,这座图书馆的设计和服务模式在中东地区都是独一无二的。同时他对智利最大的公共图书馆的设计提供指导。这座图书馆占地20万平方英尺,它的建造吸引大量智利人和其他国家的游客到来访问,取得巨大的成功。

凯勒先生在图书馆设计领域的造诣获得世界范围内的认可,他与桑德拉·费恩伯格(Sandra Feinberg)合著的一本有关儿童空间设计方面的著作即将出版。凯勒先生倡导功能设计,这种设计不仅有助于支持图书馆实现服务目标,同时还实现建筑和内部设计的优化。凯勒先生相信,图书馆服务不断发展的使命和性质要求设计必须是灵活的和有创造性的，能够通过持久的建制来展现图书馆服务。

殷琪·奥诺（DR H. INCI ÖNAL）

土耳其安卡拉的哈西德佩大学信息管理系（Department of Information Management at Hacettepe University）副教授。研究方向是学校图书馆学、媒体研究、信息资源、族谱、地方史、档案、儿童文学以及儿童和青年人的信息检索行为。她获得哈西德佩大学图书馆和情报研究的硕士和博士学位。奥诺博士在国家教育部的支持下开设了学校图书馆学的课程。她完成了对全国范围内学生、记者和历史学家的信息需求的研究，并对现有的状况和新的信息技术进行改进。她是IFLA学校图书馆和资源中心常务委员会（IFLA Standing Committee on School Libraries and Resource Centres）的成员，并且参与《IFLA/UNESCO 学校图书馆宣言》（IFLA/UNESCO School Library Manifesto）的起草。2004年，她的研究项目"一个世界的学校图书馆：标准的影响"得到国际学校图书馆学会（International Association of School Librarianship，IASL）颁发的 Takeshi Murofushi 研究奖（Takeshi Murofushi Research Award）。其最新研究成果包括"土耳其学校图书馆的最新发展"［"New developments on the Turkish school library scene"，*Journal of Librarianship and Information Science 2005*，37（3）：141－152］以及"创建一个世界的 IFLA/UNESCO 学校图书馆宣言：德国、伊朗和土耳其的比较研究"［"IFLA / UNESCO School Library Manifesto for creating one world：Germany，Iran and Turkey in comparative perspective"．*Libri* 2009，59（1）：45－54］。

亚历山大·拉米斯(ALEXANDER LAMIS)

美国建筑师协会会员,罗伯特·斯特恩建筑公司的合伙人,同时兼任其管理委员会的成员。作为图书馆设计领域的权威之一,拉米斯先生曾经设计佛罗里达州的杰克逊维尔(Jacksonville)、迈阿密海滩(Miami Beach)、克丽尔瓦特(Clearwater)、田纳西州的纳什维尔(Nashville)、乔治亚州的哥伦布(Columbus)、康涅狄格州的南港(Southport)、缅因州的班戈(Bangor)、俄亥俄州的雷克伍德(Lakewood)、加州的卡拉巴萨斯(Calabasas)、纽约、北卡罗来纳州的圣堂山(Chapel Hill)等地的公共图书馆,以及哈佛大学商学院的贝克图书馆/布鲁姆伯格中心(Baker Library | Bloomberg Center at the Harvard Business School)。他现任职于达拉斯南卫理公会大学的乔治·布什总统图书馆(George W. Bush Presidential Library at Southern Methodist University)。

拉米斯先生经常就图书馆议题发表演讲,曾在 *Computers in Libraries*、集成在线图书馆系统年会(*IOLS*)、公共图书馆协会国家会议(PLA National Conference)以及2009年米兰IFLA大会等会议上发表演讲。作为图书馆领导和管理协会(Library Leadership & Management Association, LLAMA)的积极分子,他参与项目委员会(Program Committee)、公共图书馆建筑委员会(Architecture for Public Libraries Committee),以及学院和大学建筑委员会(College and University Buildings Committee)的工作。他也曾经是绿色发展(*Going Green Without Going Broke*)的项目主席和发言人。这个项目是有关图书馆可持续设计的解决方案的一个研讨,它在2002年和2004年ALA全国大会上被讨论。他完成了《规划现代的公共图书馆建筑》(*Planning the Modern Public Library Building*. Westport, Connecticut: Libraries Unlimited, 2003)一书中关于可持续设计的一章。他还曾在《图书馆学进展》(*Advances in Librarianship*.

Oxford, England: Elsevier, 2004)第28卷中发表《不断发展的空间:一名建筑师视野下的图书馆》(Evolving Spaces: An Architect's Perspective on Libraries)一文。

拉米斯先生获得麻省理工学院(Massachusetts Institute of Technology)科学学士学位,然后在哥伦比亚大学建筑和规划学院(Graduate School of Architecture and Planning of Columbia University)获得建筑学硕士,并成为金恩学者(Kinne Fellow),得到AIA优秀奖(AIA Certificate of Merit)的奖励。作为美国建筑师协会会员(American Institute of Architects)以及美国图书馆协会的成员,他拥有11个州注册建筑师的身份。

芭芭拉. A. B. 顾缤(BARBARA A. B GUBBIN)

美国佛罗里达州杰克逊维尔的杰克逊维尔公共图书馆(Jacksonville Public Library in Jacksonville, Florida)的馆长。她负责管理这个城市庞大的公共图书馆系统,这个系统有1个总馆和20座分馆。2005年,顾缤女士指导图书馆"优化杰克逊维尔计划"(Better Jacksonville Plan)的最终实行,该项目开放1个总馆以及6座分馆里的4座。在图书馆建设项目完成之后,顾缤女士又指导图书馆社区设计规划的工作,这项工作为杰克逊维尔公共图书馆未来的五年战略规划的设下目标。

顾缤女士作为一名青年图书馆员在德克萨斯州圣安东尼奥的圣安东尼奥公共图书馆开始她的职业生涯。然后,她加入休斯顿公共图书馆并在1995年成为这座图书馆的馆长。作为休斯顿公共图书馆的馆长,顾缤女士负责中心图书馆以及39座其他图书馆的工作,并且监管新的图书馆建设以及图书馆维修的项目。她还负责推行新一代的图书馆集成系统,并且为休斯顿的社区购买网络服务。

顾缤女士获得伦敦大学学院(University College London)图书馆和情报研究硕士学位。她的专职学术活动包括担任国际图联公共图书馆委员会(Committee for Public Libraries)的秘书。她是佛罗里达图书馆协会委员会(Board of the Florida Library Association),以及东北佛罗里达图书馆信息网络(North East Florida Library Information Network)成员之一。顾缤女士曾于1996年担任得克萨斯图书馆协会(Texas Library Association)的主席,曾经服务于OCLC理事会(OCLC Board of Trustees)达六年之久(1999—2004),近期担任过OCLC数据使用政策委员会(OCLC Records Use Policy Council)的联合主席。

自从杰克逊维尔的新图书馆开放以来,图书馆活动的指标得到突飞猛进的增长:图书馆资料的流通量增长了49%,访问者的人数增长了39%。在2009年,杰克逊维尔公共图书馆流通量为910万件,并有540万访问量和510万次网站点击量。

冈萨洛·奥亚尔顺(GONZALO OYARZUN)

现任智利公共图书馆系统(Public Libraries System of Chile)的国家协调员,也是智利图书馆、档案馆和博物馆部(Libraries, Archives and Museums Directorate of Chile, DIBAM)的成员,这个机构领导并管理智利全部的公共图书馆系统。

冈萨洛是圣地亚哥公共图书馆(Santiago Public Library)的第一任馆长。从这个项目之初,他就在其形成、设计、实施和设施的配备中扮演了中心的角色。

在此之前,他在不同领域推动智利图书馆科学的发展,包括学术领域、公有和私营公司、图书馆以及专门的档案中心。参与很多创造性项目的策划、管理和指导,包括国家新技术规划。出版很多关于公共图书馆的著述,同时也是一个阅读倡导者。

同时,冈萨洛还是国际图联公共图书馆部以及拉美和加勒比海部(Latin America and the Caribbean Sections)的成员。他出生于智利的圣地亚哥,并且从事文学研究。

托恩·伦登(TONE LUNDEN)

现任丹麦约灵图书馆(Hjørring Libraries)的儿童图书馆馆员以及儿童图书馆顾问。其参与了一系列的开发项目,比如“儿童图书馆作为试验场”、北欧项目“北方语言”,以及荷兰北欧项目“制造标记”。他是2008年4月开放的约灵的新中心图书馆的指导小组成员。

凯伦·博特瑞姆斯(KAREN BERTRAMS)

1960年出生于荷兰的阿纳姆(Arnhem, Netherlands)。他在1982年成为阿姆斯特丹公共图书馆的儿童图书馆馆员。从1991年开始,他开始为区域性的图书馆组织——ProBiblio工作,从事的主题有:图书馆创新、图书馆用户组的参与和共同创造、在图书馆项目中使用混合的媒体、关于图书馆和媒体、用户关系的国际讲座和报告、天才100图书馆(the Library of 100 Talents)的开发、多智能图书馆、融合艺术和科学场景的网络等项目的工作。

莫妮克·莫琪(MONIQUE MOSCH)

1962年生于荷兰阿尔克马尔(Alkmaar, Netherlands)。从图书馆学院毕业后,一直从事公共图书馆中与儿童服务相关的工作。在这段时间里,她发起了几个与儿童文学及图书推广有关的教育项目。

在海尔许霍瓦德的公共图书馆,她(与儿童、建筑师、设计者以及图书馆员一道)建立一个非常特别的儿童部门,这个部门中采用多元智能、儿童参与以及洛里斯·马拉古奇的“这就是天才100图书馆”理论的教育理念。她现在是图书馆、书店以及教育机构的顾问。

凯瑟琳. R. T. 英霍夫(KATHLEEN R. T. IMHOFF)

凯瑟琳. R. T. 英霍夫是拥有多年公共图书馆咨询经验的图书馆咨询专家。美国威斯康星大学麦迪逊分校(University of Wisconsin-Madison)图书馆学硕士。知名的讲师、作家、工作室主任、技术创新者以及改变的中介者。

凯瑟琳. R. T. 英霍夫曾经历任小型图书馆、农村图书馆、中型图书馆、州立图书馆机构以及大型城市图书馆的馆长,她对于在当下和未来创建儿童图书馆空间有着独特的见解。她曾经访问过许多郡县的首脑和具有创新性的儿童图书馆。她把其中最成功的想法融入到了她所设计的儿童图书馆中。在布罗沃德县图书馆(Broward County Library),美国第九大的图书馆,她担任儿童协调员,并且在新的分馆和地区图书馆中设计20多个儿童空间。布罗沃德县图书馆被提名为1996—1997年“图书馆杂志/盖尔年度图书馆”(Library Journal/Gale, Library of the Year)。

凯瑟琳. R. T. 英霍夫是州、地区、国家和国际图书馆协会的一名活跃成员,曾任两届美国图书馆协会的理事、公共关系部主席,两次被选为公共图书馆协会公共图书馆系统部(Public Library System Section of the Public Library Association)主席。现任东南图书馆协会(Southeastern Library Association)主席、美国图书馆协会建筑奖委员会(the American Library Association's Building Award Committee)以及国际图联城市图书馆部(Metropolitan Library Section of the International Federation of Library Associations)的成员。她参与阿曼首都马斯喀特第一家公共图书馆的部分设计。这座五层楼高的图书馆将会成为阿曼湾地区的一个创新性典范。

后　记

《儿童图书馆的空间设计》是2012年我和同事们在工作中偶然接触到的一本国际图联出版物，当时我们正在关注和研究国内儿童图书馆事业发展状况，以及各地图书馆新馆建设情况，本书中的大量典型案例对我们来说颇具吸引力，很多创新理念和先进做法有令人耳目一新的感觉，于是我们产生了将其介绍给国内同行的强烈愿望。在国家图书馆研究院申晓娟副院长、胡洁主任等领导及各位同事的积极鼓励和大力支持下，我们开始组织几位同事对这本篇幅并不长的作品进行尝试性翻译，以期能使我们对国外儿童图书馆空间设计情况有一个较为全面的了解，并将相关内容呈现给国内同行。

在同事们的共同努力下，译稿历经数次修改和完善，终于得以完成。在翻译过程中，我们尽量尊重原文，将有关信息原汁原味地反映出来，为此，我们将一些重要词汇的英文原文在文中做了备注，并尽可能地将相关注释保留下来。同时，我们也从国际图联方面争取了书中的有关图片，供读者参阅。需要特别说明的是，翻译国外著作对于我们大部分同事而言尚属首次尝试，因资历尚浅，经验不足，其中难免有一些纰漏，恳请各位图书馆界的前辈予以谅解，并欢迎提出宝贵意见。

石鑫

2014年4月

图书在版编目(CIP)数据

儿童图书馆的空间设计/邦(Bon,I.),克兰菲尔德(Cranfield,A.),拉蒂梅尔(Latimer,K.)编;石鑫,李恺等译. --北京:国家图书馆出版社,2014.3

书名原文:Designing library space for children

ISBN 978-7-5013-5422-1

Ⅰ.①儿…　Ⅱ.①邦…　②克…　③拉…　④石…　⑤李…　Ⅲ.①儿童图书馆—室内装饰设计—文集　Ⅳ.①G258.7-53　②TU242.3-53

中国版本图书馆 CIP 数据核字(2014)第 148349 号

著作权合同登记号:01-2014-3520

书　　名	儿童图书馆的空间设计
著　　者	Ingrid Bon,Andrew Cranfield,Karen Latimer 编; 石鑫　李恺等译
责任编辑	高　爽　王炳乾
出　　版	国家图书馆出版社(100034　北京市西城区文津街 7 号) (原书目文献出版社　北京图书馆出版社)
发　　行	010-66114536　66126153　66151313　66175620 66121706(传真)　66126156(门市部)
E-mail	btsfxb@ nlc. gov. cn(邮购)
Website	www. nlcpress. com ——→投稿中心
经　　销	新华书店
印　　装	北京科信印刷有限公司
版　　次	2014 年 3 月第 1 版　2014 年 3 月第 1 次印刷
开　　本	880×1230(毫米)　1/32
印　　张	6. 125
字　　数	80 千字
书　　号	ISBN 978-7-5013-5422-1
定　　价	38. 00 元